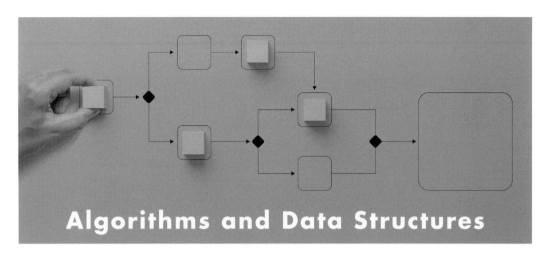

Algorithms and Data Structures

Pythonで学ぶ
アルゴリズムとデータ構造

藤原暁宏

Akihiro Fujiwara

㈱森北出版

はじめに

　日常生活において，インターネットやスマートフォン上のアプリケーションなどの情報基盤は必要不可欠なものになっている．この情報基盤において用いられるプログラムの基礎をなすのが，本書で紹介するアルゴリズムとデータ構造である．一方，プログラムを記述するプログラミング言語として，近年非常に大きな流れとなっているのがPythonである．Pythonというプログラミング言語は，さまざまな工夫により，複雑な処理を短い行数のプログラムとして実現可能である．また，豊富な外部ライブラリを用いて，データ解析，機械学習 (AI) や Web アプリケーションを容易に実現できる．そのため，Pythonに関する学習熱は年々高まっており，最近では初等プログラミング教育をPythonを用いて行う大学や高専も多くなっているようである．

　しかし，プログラミング教育において，Pythonを用いることには，実は一つ大きな問題があると筆者は考えている．それは，Pythonにおいては多くの処理がライブラリとして実現されているため，内部でどのような処理が行われているかわからないブラックボックスと化してしまうという問題である．内部処理のブラックボックス化には，どのような処理か気にしなくてもプログラムにおいてその機能を利用できるという大きな利点がある一方で，実行してみなくては処理の効率（実行にかかる時間）がわからないという欠点も存在する．したがって，プログラムの高速化のためには，Pythonのブラックボックス化されたライブラリの実現方法や効率を把握し，処理に応じた効率のよいアルゴリズムとデータ構造を選択することが必要となってくる．そのため，Pythonにおいては，ほかの言語と比較して，アルゴリズムとデータ構造の重要性がさらに増しているといっても過言ではないだろう．

　そこで本書では，前著「アルゴリズムとデータ構造（第2版）」の内容をもとに，Pythonを用いたプログラミングにおけるアルゴリズムとデータ構造の有用性をできるだけわかりやすく説明することを目的としている．

　本書は全体として10章で構成されており，大きく四つの部分に分けられる．最初の第1章〜第5章までは，アルゴリズムとデータ構造のもっとも基本的な内容を説明している．この部分はそれほど難しい内容ではないので，アルゴリズムの基礎知識としてしっかりと理解してほしい．次の第6章と第7章では，多くのアルゴリズムで用いられる代表的なアルゴリズムの設計手法を紹介している．ここで学ぶ知識は，自分でアルゴリズムを考案するときや，実際のプログラム中で用いられているアルゴリズムを理解する場合に，必ず役立つはずである．また，第8章と第9章では，グラフにおける探索や最短経路，および，文字列照合といった実用的な問題に対して，既知の効率のよいアルゴリズムを紹介している．ここで紹介されているアルゴリズムの多くは実際に用いられ

ているものであり，実用的なアルゴリズムを知るよい機会となるだろう．最後の第 10
章は，問題の複雑さを説明する章となっている．この章の内容は，専門的には「計算量
理論」とよばれる分野の話であり，情報系ではない学部・学科では，カリキュラムの都
合上，この分野に関する講義はないことが多い．しかし，問題の複雑さは，アルゴリズ
ムとデータ構造を勉強する人はぜひ知っておくべき概念である．そのため，本書では内
容を簡単に要約して収録することとした．

　なお，一般的な Python プログラムの評価基準として，「パイソニック (Pythonic)」
というものがある．この評価基準では，Python の機能を効果的に使った，自然でシン
プルに記述されたプログラムがよい Python プログラムであるとされている．ただし，
Python の文法に堪能でない初心者や，ほかの言語を専門とするプログラマにとっては，
パイソニックな Python プログラムは，ぱっと見ただけではその動作が把握しづらい
という欠点もある．本書では，Python に関する基礎知識のみでアルゴリズムとデータ
構造を学ぶことができるように，アルゴリズムの記述は，可読性を重視した，どちらか
というとパイソニックではないプログラムとなっている．あらかじめご了承いただき
たい．

　前著「アルゴリズムとデータ構造（第 2 版）」は，大学，短大，高専などでアルゴリ
ズムとデータ構造を学ぶ人々に広く利用されてきた．本書も，これらの教育機関の講
義において，教科書もしくは参考書となることを想定している．ただし，分量的な制
約もあり，さまざまなアルゴリズムの応用や Python プログラムの便利な機能につい
て，説明を省略した部分も多い．本書を一読して，さらに深くアルゴリズムを学びた
い人や，Python プログラミングに関する深い知識を身に付けたい人のために，巻末に
参考文献を挙げている．興味のある方はぜひそちらを参照してほしい．また，本書の
内容に関するご意見やご質問，あるいは間違いの指摘などは，著者のメールアドレス
(fujiwara@csn.kyutech.ac.jp) まで電子メールにてお送りいただけると幸いである．

　また，本書に掲載の Python プログラムについては，以下のサイトからダウンロード
可能である．Python によるアルゴリズム学習の一助となれば幸いである．

```
https://www.morikita.co.jp/books/mid/087261
```

　最後に，本書の刊行にあたってお世話になった方々に感謝をしたい．本書の Python
によるアルゴリズムの記述については，九州工業大学の研究室の学生であった中野齊可
太氏にお手伝いをお願いし，Python プログラムに関するさまざまなアイデアをいただ
いた．また，研究室の学生であった今中啓太氏と戸島直紀氏に精読をお願いし，さまざ
まな助言をいただいた．そして，本書の執筆機会を与えていただいただけでなく，出版
作業にご尽力いただいた森北出版の皆様にも，深く感謝を述べる．

令和 5 年 1 月

藤原暁宏

目　次

アルゴリズムの基礎

◆keywords◆
アルゴリズム, 評価基準, 実行時間, 時間計算量, 最良時間計算量,
最悪時間計算量, 漸近的評価, オーダ記法

　本書のタイトルにも入っている「アルゴリズム」という言葉は, 一般にはなじみが薄く, どのような概念かを感覚的に理解している人は少ないだろう. 本章では, まずアルゴリズムとは何かを簡単な例を用いて説明する. その後, アルゴリズムの良し悪しを決めるための, アルゴリズムの評価基準について述べる.

1.1 アルゴリズムとは

　アルゴリズムという言葉を初めて聞く人も多いかもしれない. この単語は, いままでの知識からまったく想像がつかない聞き慣れない言葉なので, ひょっとすると難しいことなのではないかと思う人もいるだろう. しかし, このアルゴリズムというものはそんなに難しいものではなく, 読者の皆さんが普段から慣れ親しんでいる「うまくやるための手順書」とでもいうべきものである.

　たとえば, 料理について考えてみよう(図 1.1). 一度食べたことがある料理でも, 料理名だけの知識からその料理を実際に作ることは難しい. 一流の食材と一流の調理器具があったとしても, 調理手順がわからなければ, 悲惨な料理ができあがるだろう. しかし, 料理におけるアルゴリズムに相当するものとしてレシピや料理本などがあり, 記述されている手順どおりに作れば, おいしい料理を作ることができる(料理が苦手な人はそうもいかないが).

　また, 家庭用ゲーム機やスマートフォンでできるゲームを考えてみよう. 最近のゲームは非常に高度になっており, 華麗なグラフィックや洗練されたサウンドなどを楽しむことができる. その一方で, ちょっとしたコツやテクニックを要したり, 難解な謎が出てきたりと, 初心者にはうまく進めることが難しいこともある. しかし, ゲームの進め方やヒントなどの攻略法が載っている Web サイトを見て, その攻略法のとおりに操作を行えば, ゲームが苦手な人でも容易に進めることができるはずである(そのようなやり方でゲームが楽しめるかどうかは別問題として). この場合には, ゲームの攻略法がアルゴリズムに相当する.

　本書では, このアルゴリズムをまとめて, 以下のように定義する.

図 1.1　料理におけるアルゴリズム

◆ **定義 1.1　アルゴリズム**

　与えられた問題の正しい答えを求めるための「うまいやり方」であり，一般に，文章やプログラミング言語で記述される．

　つまり，「与えられた問題を解く手順」がアルゴリズムであると考えようということである．アルゴリズムというのは目に見えない「問題の解き方」であるが，文章で記述してあれば，人間はそれを理解して問題を解くことができる．また，プログラミング言語で記述されていれば，コンピュータがそのアルゴリズムを実行できる．

　アルゴリズムに対してもう少し理解を深めるために，以下のような問題を考えてみよう．

問題 1.1

　ある n 桁の整数が与えられた場合に，その整数が 3 の倍数であるかどうかを答えよ．

この問題を計算機やコンピュータを使わずに解くとなると，どのようなアルゴリズムを用いればよいだろうか．まず考えつくのは，以下のような方法だろう．

　　「小学校で習った筆算を使って，与えられた n 桁の整数を 3 で割り算し，余り
　　が 0 ならばその整数は 3 の倍数であると答える」

この手順は，確かにこの問題を解くアルゴリズムであるが，たとえば $n = 1000$ の場合に 1000 桁の整数の割り算をするのは，かなり無理のある方法である．おそらく，その筆算の実行にはかなりの時間を必要とするだろう．

　実は，この問題 1.1 については，以下のような「うまいやり方」のアルゴリズムが知られている．

アルゴリズム 1.1

入力：n 桁の整数

アルゴリズム：与えられた整数の各桁の和が 3 で割り切れるならば，その整数は 3 の倍数である
　と答える.

　たとえば，上記のアルゴリズムの入力として，整数 1893206753214 が与えられたと
仮定する. このとき，この整数の各桁の和は以下のようになる.

$$1+8+9+3+2+0+6+7+5+3+2+1+4 = 51$$

51 は 3 で割り切れるので，1893206753214 は 3 の倍数である. また，このアルゴリズ
ム 1.1 は繰り返し実行できる. 51 の各桁の和は $5+1=6$ となり，3 の倍数であること
がさらに容易にわかるだろう.

　実際に，このアルゴリズム 1.1 によって，どんな整数についても 3 の倍数かどうかを判
定できることが証明されている. また，このアルゴリズムを使えば，おそらく $n=1000$
の場合でも，計算機やコンピュータを使わずに，人間が判定できるだろう. このように，
アルゴリズムとして問題の解き方が記述されていれば，その詳細や理由はわからなくて
も，アルゴリズムの記述に従って計算を行うことにより，誰でも簡単にその問題を解く
ことができる.

1.2　アルゴリズムの評価基準

　問題 1.1 からもわかるように，一般に，一つの問題を解くアルゴリズムはいくつも存
在する. それでは，どのようなアルゴリズムを用いるのがもっともよいだろうか. この
アルゴリズムの良し悪しを決める基準を，アルゴリズムの評価基準とよぶ. アルゴリズ
ムの評価基準についても，さまざまなものが存在する. その中で，一番直感的で誰でも
思いつくのは，「速く実行できるアルゴリズムのほうが優れている」という評価基準だ
ろう（コンピュータを使っていて，まったく同じ処理を実行するプログラムが二つあれ
ば，誰でも高速に実行できるほうを利用するはずである）.

　この評価基準を具体的に理解するために，以下のような問題を考えてみよう.

問題 1.2

　n 個のテニスボールがある. このテニスボール 1 個の重さは 100 g であるが，n 個のうち
1 個だけは，重さが 95 g の不良品である. 重さが測定できるはかりを用いて，この不良品
のテニスボールを見つけよ.

この問題では，図 1.2 に示すように，はかりに複数のテニスボールを載せてもよいもの
とする. このとき，どのようなアルゴリズムを実行すれば，不良品のテニスボールを短
い時間で見つけることができるだろうか.

　入力の n 個のテニスボールは，$b_1, b_2, \ldots, b_n$ で表されると仮定する．まず，テニスボールを 1 個ずつはかりに載せる以下のようなアルゴリズムを考える．

アルゴリズム 1.2
入力：n 個のテニスボール $\{b_1, b_2, \ldots, b_n\}$
アルゴリズム：

① $i = 1$ とする．
② テニスボール b_i をはかりに載せる．
③ b_i の重さが 100 g ならば，i を 1 だけ増加させて②，③の操作を繰り返す．b_i の重さが 95 g ならば，そのボールを不良品としてアルゴリズムを終了する．

　このアルゴリズム 1.2 では，テニスボール b_1 が不良品の場合は，アルゴリズムの②の操作は 1 回しか実行されない．しかし，テニスボール b_n が不良品の場合は，アルゴリズムの②の操作は n 回実行されることになる．このように，アルゴリズムを実行するのに必要な時間は，その入力によって異なることがある．

　次に，約半数のテニスボールを一度にはかりに載せる，以下のようなアルゴリズムについて考える．

アルゴリズム 1.3
入力：n 個のテニスボール $\{b_1, b_2, \ldots, b_n\}$
アルゴリズム：

① テニスボールを約半分ずつの二つの集合 $B_1 = \{b_1, b_2, \ldots, b_{\lceil \frac{n}{2} \rceil}\}$，$B_2 = \{b_{\lceil \frac{n}{2} \rceil + 1}, b_{\lceil \frac{n}{2} \rceil + 2}, \ldots, b_n\}$ に分ける†．
② テニスボールの集合 B_1 をはかりに載せる．
③ B_1 の重さが 100 の倍数ならば，テニスボールの集合 B_2 に不良品があり，B_1 の重さが 100 の倍数でなければ，不良品は B_1 の中にある．このとき，不良品が含まれているほうのボールの集合に対して，以下の操作を行う．

　　a. 不良品が含まれているボールの集合に 1 個のボールしかなければ，そのボールを不良品とし，アルゴリズムを終了する．
　　b. 不良品が含まれているボールの集合に複数のボールが含まれていれば，そのボールの集合を①と同様に二つの集合 B_1 と B_2 に分けて，②，③の操作を繰り返す．

　このアルゴリズム 1.3 において，②の操作が何回実行されるかを考えてみよう．アル

---

†　$\lceil x \rceil$ という記号は，x を超える最小の整数（x の小数点以下を切り上げた整数）を表す．

ゴリズム実行前には n 個のボールがあるが，②，③の操作を 1 回実行することにより，半数の $n/2$ 個のテニスボールが不良品ではないことがわかる（テニスボールの個数が奇数個の場合は正確には $n/2$ 個ではないが，話がややこしくなるので $n/2$ 個としておく）．すると，②，③の操作を k 回実行したあとに不良品の可能性のあるテニスボールの個数は，$(1/2)^k \times n$ という式で表すことができる．②，③の操作は不良品の可能性のあるテニスボールが 1 個になるまで繰り返されるので，$(1/2)^k \times n = 1$ となる場合にアルゴリズムは終了する．

この式を繰り返し回数 k について解くと，以下のようになる．

$$\left(\frac{1}{2}\right)^k \times n = 1$$
$$2^k = n$$
$$\log_2 2^k = \log_2 n$$
$$k = \log_2 n$$

したがって，アルゴリズム 1.3 の②の操作は約 $\log_2 n$ 回実行されることがわかる．また，アルゴリズム 1.2 の場合と異なり，この実行回数は入力には依存せず，変化することがない．

ここで，これらの二つのアルゴリズムを実際に実行した場合の実行時間を考えてみよう．まず，両方のアルゴリズムにおける「はかりに載せて重さを測る」という操作が 10 秒で実行できると仮定する．また，その他の操作（はかりの目盛を読む，テニスボールを二つの集合に分けるなど）の時間は無視できると仮定する．このとき，二つのアルゴリズムの実行時間は表 1.1 のようになる．表からわかるように，アルゴリズム 1.2 では，b_1 が不良品の場合の実行時間はテニスボールの数が増えても変化しないが，b_n が不良品の場合の実行時間はテニスボールの数に比例して増加する．一方，アルゴリズム 1.3 では，テニスボールの数が増えると実行時間も増加するが，その増加の割合は，アルゴリズム 1.2 の b_n が不良品の場合に比べると非常に緩やかである．

この例が示すように，アルゴリズムの実行時間は，ほとんどの場合においてアルゴリズムの入力のサイズにより決まる．この実行時間をアルゴリズムの時間計算量とよぶ．また，アルゴリズム 1.2 の例からわかるように，アルゴリズムの時間計算量は入力によ

表 1.1　アルゴリズムの実行時間

テニスボール の数 n	アルゴリズム 1.2		アルゴリズム 1.3
	b_1 が不良品の場合	b_n が不良品の場合	
10	10 秒	100 秒	$10 \times \log_2 10 = $ 約 40 秒
100	10 秒	1000 秒	$10 \times \log_2 100 = $ 約 70 秒
1000	10 秒	10000 秒	$10 \times \log_2 1000 = $ 約 100 秒
10000	10 秒	100000 秒	$10 \times \log_2 10000 = $ 約 140 秒
100000	10 秒	1000000 秒	$10 \times \log_2 100000 = $ 約 170 秒

り異なる場合がある．この場合，ある入力サイズにおいてもっとも速くアルゴリズムを実行できる場合(たとえば，アルゴリズム 1.2 において b_1 が不良品の場合)の時間計算量を，アルゴリズムの最良時間計算量とよび，アルゴリズムの実行にもっとも時間がかかる場合(たとえば，アルゴリズム 1.2 において b_n が不良品の場合)の時間計算量を，アルゴリズムの最悪時間計算量とよぶ．これらの時間計算量については，同じ動作をするアルゴリズムならば，その値が小さいほうがよいアルゴリズムである．上記の例では，アルゴリズム 1.2, 1.3 の各時間計算量は，表 1.2 のとおりとなる．

表 1.2　アルゴリズムの時間計算量

	アルゴリズム 1.2	アルゴリズム 1.3
最良時間計算量	10	$10 \log_2 n$
最悪時間計算量	$10n$	$10 \log_2 n$

　なお，アルゴリズムの評価基準としては，アルゴリズムのデータ使用量を表す領域計算量も用いられることがある．この領域計算量も値が小さければ小さいほどよいアルゴリズムである．また，時間計算量については，ある分布を入力に仮定して，すべての入力に対する時間計算量の期待値を考える場合がある．この場合の時間計算量を平均時間計算量とよぶ．多くの場合，平均時間計算量は最悪時間計算量に等しいことが知られている．これらの計算量については本書の範囲を超えるので，以下では，おもに最良時間計算量と最悪時間計算量のみを取り扱う．また，とくに断らないかぎり，単に「時間計算量」とある場合は，最悪時間計算量を表すものとする．

1.3　計算量の漸近的評価

　前節で述べたとおり，アルゴリズムの良し悪しはそのアルゴリズムの時間計算量で比較することができる．しかし，前述のような簡単な例ならともかく，一般に用いられるアルゴリズムはかなり複雑で，入力に対して正確な時間計算量を求めることは非常に難しい．また，正確な時間計算量が求められたとしても，一般に，異なるアルゴリズム間の時間計算量を比較することは困難であることが多い．

　たとえば，入力サイズが n である問題に対して，まったく同じ動作をするアルゴリズム A，B，C という三つのアルゴリズムが存在し，それぞれの時間計算量が以下のように求められたとする．

　　　アルゴリズム A：$10n^2 + 100n + 10000$
　　　アルゴリズム B：$n^4 - n^3 - n$
　　　アルゴリズム C：$100n^3$

これらの時間計算量の値については，n が非常に小さい場合はアルゴリズム B の時間計算量が小さく，n が非常に大きい場合はアルゴリズム A の時間計算量が小さいと考えら

れる．このような場合，どのアルゴリズムがよいアルゴリズムであると判断すればよい
だろうか．

まず考えられることは，入力サイズ n が非常に小さい場合は，時間計算量を比較する
必要性が低いということである．なぜなら，入力サイズが小さい場合は，どのようなア
ルゴリズムを用いても実行時間が短いので，アルゴリズムの良し悪しを議論する必要は
あまりないからである．そのため，アルゴリズムの評価は，入力サイズ n の値が非常に
大きい（n が無限大に近くなる）場合の時間計算量で行うことが一般的である．

アルゴリズムの評価に用いられる，n が無限大に近い場合の時間計算量を，漸近的な
時間計算量とよぶ．漸近的な時間計算量は，以下に定義されるオーダ記法を用いて表さ
れる．

◆ **定義 1.2　オーダ記法**

入力サイズ n の関数として表される時間計算量 $T(n)$ が，ある関数 $f(n)$ に対して
$O(f(n))$ であるとは，適当な二つの正の定数 n_0 と c が存在し，n_0 以上のすべての n に
ついて $T(n) \leq cf(n)$ が成り立つことをいう．

このオーダ記法の定義は少々わかりにくいので，以下のような理解で十分である．ま
ず，アルゴリズムの時間計算量を入力サイズ n を用いた関数として求める．次に，その
関数の中で主要項（n が無限大に近い場合にもっとも大きな項）を見つける．この主要
項から係数を削除して得られる関数が $f(n)$ であるとき，「アルゴリズムの時間計算量は
$O(f(n))$ である」もしくは「アルゴリズムは $O(f(n))$ 時間で実行できる」という．アル
ゴリズムの計算量で用いられる代表的な関数の漸近的な大小関係を以下に示しておくの
で，漸近的な時間計算量を考える場合の参考にするとよい[†]．

$$\log n < \sqrt{n} < n < n \log n < n^2 < n^3 < \cdots < 2^n < n!$$

なお，関数 $f(n)$ が n に依存しない定数である場合は，その時間計算量を特別に $O(1)$
と記述し，定数時間とよぶ．

漸近的な時間計算量の例として，前述のアルゴリズム A の時間計算量を考える．アル
ゴリズム A の時間計算量は $10n^2 + 100n + 10000$ であるが，この中でもっとも増分の
大きい主要項は $10n^2$ である．この項の係数部分を削除することにより，オーダ記法で
のアルゴリズム A の時間計算量は $O(n^2)$ となる．同じように，アルゴリズム B，アル
ゴリズム C の時間計算量は，それぞれ $O(n^4), O(n^3)$ となる．このオーダ記法で表され
た時間計算量を比較すると，n に関してもっとも小さい関数を時間計算量としてもつア
ルゴリズム A が，もっともよいアルゴリズムであると評価できる．

また，前述のアルゴリズム 1.2, 1.3 の漸近的な時間計算量は，表 1.3 のとおりとなる．

[†] 対数 $\log_a b$ の底 a が定数の場合は，$(\log_c b)/(\log_c a)$ として底の変換が可能であり，底は定数として削除で
きるので，オーダ記法では省略される．

表 1.3　アルゴリズムの漸近的な時間計算量

	アルゴリズム 1.2	アルゴリズム 1.3
最良時間計算量	$O(1)$	$O(\log n)$
最悪時間計算量	$O(n)$	$O(\log n)$

　なぜこのように，主要項以外の項を削除したり定数係数を無視したりするような，漸近的な評価が使われるのかというと，入力サイズ n が非常に大きい場合は，時間計算量は主要項にのみ依存するからである．たとえば，表 1.1 に示したアルゴリズムの実行時間から，n が大きくなるにつれ，漸近的な時間計算量の違いはアルゴリズムの実行時間に大きく影響を及ぼしていることがわかる．また，前述のアルゴリズム A〜C について，入力サイズ n とその時間計算量の関係を表 1.4 に示すが，この表からも，アルゴリズムの実行時間は漸近的な時間計算量に依存して大きく変化することがわかる．

表 1.4　アルゴリズム A，B，C の実行時間

入力サイズ n	アルゴリズム A $10n^2 + 100n + 10000$	アルゴリズム B $n^4 - n^3 - n$	アルゴリズム C $100n^3$
10	12000	8990	100000
100	1210000	98999900	100000000
1000	10110000	9.99×10^{11}	10×10^{10}
10000	1001010000	9.99×10^{15}	10×10^{13}
100000	10×10^{10}	9.99×10^{19}	10×10^{16}

　ただし，このような漸近的な時間計算量によるアルゴリズムの評価は，入力サイズ n が大きい場合の大まかな評価であることを忘れてはならない．つまり，入力サイズ n が小さい場合は，実際のアルゴリズムの実行時間は，漸近的な時間計算量による評価とまったく異なることがある．また，漸近的な時間計算量が同じアルゴリズムは実行時間も同じであるというわけではなく，数倍程度の実行時間の違いがあることが一般的である．

1.4　Python の基本構文

　本章の冒頭で述べたように，アルゴリズムとは問題を解くためのアイデアである．本書ではそのうち，Python（とくに Python 3）を用いて記述された，コンピュータ上で実行されるアルゴリズムをおもに学ぶ．本節では，そのための準備として，Python におけるアルゴリズムの記述に必要な最小限の基本構文を紹介する．Python について十分な知識のある読者は，本節は読み飛ばしてもよい．また，以下の説明だけではプログラミング言語としての Python を理解するにはまったく足りないので，その厳密な構文規則や詳細については，参考文献を参照してほしい．

●　**基本演算，代入，比較**　一般的な算術演算（加減乗除など），論理演算（AND や

OR など），入出力の命令（答えの出力など）は，1 文で記述する．各文は，改行により区切られる．変数への値の代入は " = " という記号で表す．また，変数の値が等しい，および変数の値が異なるという条件は，それぞれ " == "，" != " という記号で表す．なお，本書ではこれらの基本演算，代入，比較の時間計算量は $O(1)$（定数時間）であると仮定する．

　　例 1：変数 x に 10 という値を加算して代入する行の記述は，以下のようになる．

```
x = x + 10
```

　　例 2：変数 x が 10 に等しいという条件の記述は，以下のようになる．

```
x == 10
```

Python コラム 1　（Python の変数）

　　Python の変数には，ほかのプログラミング言語と異なる大きな特徴がある．C 言語などの多くのプログラミング言語の変数は，値を入れるための箱のような入れ物である（実際は，コンピュータのメモリ上にその変数の領域が確保され，そこに値が格納される）．一方，Python においては，図 1.3 のように，すべての値はオブジェクトとしてメモリ上に保存され，変数はそのオブジェクトへの参照（どのオブジェクトかを表す矢印のようなもの）である．そのため，Python の変数は変数宣言が必要なく，また，任意の型のオブジェクトを代入することが可能となっている（実際の変数の代入では，参照の矢印を表すものとして，変数にオブジェクト固有の識別子が代入される）．

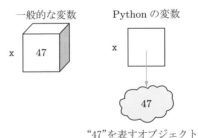

図 1.3　一般的な変数と Python の変数（変数名 x）

　　ただし，以降で変数を図として表す場合は，記述を簡単にするため，一般的な変数と同様に，箱のような概念図を用いて説明を行う．

● **コメント**　"#" 以降の部分はコメントであり，プログラムの実行には影響しない．

● **for 文**　for 文を用いて，指定回数の操作の繰り返しを記述する．for 文の書式は以下のとおりである．

第1章　アルゴリズムの基礎

```
for 変数 in 各繰り返しで変数に割り当てる値
    繰り返し実行される処理
```

この for 文の記述において，「変数」に対して「各繰り返しで変数に割り当てる値」が一つずつ割り当てられ，「繰り返し実行される処理」が繰り返される．for 文の例をいくつか見てみよう．

例 1：変数 total に 1 から 10 までの値を加算して表示する操作は，for 文を用いて以下のように記述される[†1]（出力は 55 である）．

```
total = 0
for i in range(1, 11):    # iの範囲として1から10までを指定
    total = total + i
print(total)
```

例 2：変数 total に $\{2, 4, 6, 8, 10\}$ の値を加算して表示する操作は，for 文を用いて以下のように記述される[†2]（出力は 30 である）．

```
total = 0
for i in [2, 4, 6, 8, 10]:    # iのとりうる値として2,4,6,8,10を指定
    total = total + i
print(total)
```

● **while 文**　while 文を用いて，条件による繰り返しを記述する．while 文の書式は以下のとおりである．

```
while 繰り返し継続条件:
    繰り返し実行される処理
```

この記述において，while 文中の「繰り返し実行される処理」は，「繰り返し継続条件」が成り立つ間は繰り返される．

例 1：変数 total に 1 から 10 までの値を足して表示する操作は，while 文を用いて以下のように記述される．

```
total = 0
i = 1
while i < 11:
    total = total + i
```

†1　range 関数は指定した範囲の連続した値を出力する．ここでは下限と上限を指定してその間の値を出力しているが，上限の値は含まれないことに注意する．
†2　Python のデータ構造の一つであるリストを用いて，リストに含まれる値を順番に割り当てることができる．リストについては，2.1 節で説明する．

```
        i = i + 1
    print(total)
```

例 2：変数 total に {2, 4, 6, 8, 10} の値を加算して表示する操作は，while 文を用いて以下のように記述される[†]．

```
total = 0
i = 0
data = [2, 4, 6, 8, 10]    # 入力の値として2,4,6,8,10を指定
while i < len(data):
    total = total + data[i]
    i = i + 1
print(total)
```

● **if 文**　if 文を用いて，条件による処理の分岐を記述する．if 文の書式は以下のとおりである．

```
if 条件:
    条件が成り立つ場合の処理
else:
    条件が成り立たない場合の処理
```

この記述において，if 文の「条件」が成り立つ場合は，「条件が成り立つ場合の処理」が実行され，「条件」が成り立たない場合は，「条件が成り立たない場合の処理」が実行される．なお，else 以降の部分は省略が可能である．

例：変数 x の値が 10 の場合と 10 ではない場合について表示を変えるという操作は，if 文を用いて以下のように記述される（この場合は，それぞれ「x は 10 である」と「x は 10 ではない」が表示される）．

```
if x == 10:
    print('xは10である')
else:
    print('xは10ではない')
```

● **関数**　アルゴリズムにおける関数とは，引数とよばれる入力に対して決められた処理を実行し，結果を出力する一連の処理の集合である．多くの場合，一連の処理を関数としてまとめることにより，アルゴリズムの記述や理解が容易となる．この関数は，値を返す場合と値を返さない場合があるが，値を返す場合は，return という命令を用いる．Python における関数の書式は以下のとおりである．

[†] len 関数は，リストに含まれる要素数を出力する関数である．また，リストの各要素は，0 から始まる先頭からの位置を指定して参照することができる．

```
def 関数名 (引数) :
    処理
    return 値
```

なお，上記において，値を返す必要がない場合，return の行は省略が可能である．関数の例を以下に示す．

> 例：変数 a,b を引数とし，a と b の和を出力するという関数 plus は以下のように記述される† (この場合の出力は，「10 と 20 の和は 30」となる)．

```
def plus(a, b):
    c = a + b
    return c

print('10と20の和は' + str(plus(10, 20)))
```

● **クラス**　本書で取り上げている Python は，オブジェクト指向言語である．オブジェクト指向言語では，「データ」と「データに対する操作」をまとめてクラスとして定義する．Python では，プログラム中のデータをオブジェクトとよび，オブジェクトに対して定義されている操作をメソッドとよぶ．

　クラスに関する詳細な説明は参考文献にゆずるとして，ここではシンプルなクラス定義の雛形を以下に示す．「クラス名」で指定されるクラスにより生成されるオブジェクトに対して，「メソッド名」で指定される関数の操作が実行可能となる．

```
class クラス名 :
    def メソッド名 (引数)
            メソッドの操作
    def メソッド名 (引数)
            メソッドの操作
    :
```

　以下では，簡単なクラス定義と，そのクラスにより作成されるオブジェクトの例を示す．なお，クラスで定義されたオブジェクトを生成することをインスタンス化とよび，インスタンス化により生成されるオブジェクトをインスタンスとよぶ．

> 例：以下では，まずクラス **Calc** が定義されている．メソッド**__init__**はコンストラクタとよばれる特別なメソッドで，オブジェクトがインスタンス化される場合に実行される．この例では，コンストラクタ以外に，**plus** と **times** という二つのメソッドが定義されている．なお，**self** は，メソッドを定義する場合に必要な引数で，必ず最初に指定される．
>
> 　次に，クラス **Calc** のインスタンスとして **data** が生成され，コンストラクタ

---

† print 文において，str 関数は数値を文字列に変換する関数であり，＋演算子で文字列どうしを連結している．

に従って x と y という格納場所に 10 と 20 という値が格納される．次に，この data というインスタンスに対して，plus と times というメソッドが実行されている．

```
class Calc:
    def __init__(self, a, b):      # コンストラクタ
        self.x = a                 # xに引数aを代入
        self.y = b                 # yに引数bを代入

    def plus(self):                # メソッドplusはxとyを足して返す
        return self.x + self.y

    def times(self):               # メソッドtimesはxとyを掛けて返す
        return self.x * self.y

data=Calc(10, 20)         # インスタンスdataを生成
print(data.x, data.y)     # dataに保存されているデータを表示
print(data.plus())        # dataに対しメソッドplusを実行
print(data.times())       # dataに対しメソッドtimesを実行
```

出力
```
10 20
30
200
```

1.5　アルゴリズムと計算量の例

　本章の最後に，Python によるアルゴリズムの記述の例を二つ示し，その時間計算量について考察する．一つ目は，n 個の整数の集合 $\{x_0, x_1, \ldots, x_{n-1}\}$ から最大の値を求めるアルゴリズムである．アルゴリズム中では，リストの各要素が入力の値を表している．

アルゴリズム 1.4　最大値の計算
```
x = [83, 24, 65, 34, 3, 94, 74, 21, 12, 43]
n = len(x)

max_x = x[0]
for i in range(1, n):
    if max_x < x[i]:
        max_x = x[i]
print(max_x)
```

出力
```
94
```

　それでは，入力サイズが n の場合の，アルゴリズム 1.4 の時間計算量について考えて
みよう．このアルゴリズムに含まれる for 文中の処理は if 文で構成されており，その時
間計算量は $O(1)$ である．また，for 文の繰り返し回数は，その繰り返し条件より $n-1$
回である．したがって，このアルゴリズムの時間計算量は，$O(1) \times (n-1) = O(n)$ で
ある．

　次に，n 個の整数の集合 $\{x_0, x_1, \ldots, x_{n-1}\}$ から値が等しい整数の対をすべて出力
するアルゴリズムを示す[†]．アルゴリズム 1.4 同様，リストの各要素がそれぞれ入力
$x_0, x_1, \ldots, x_{n-1}$ を表している．このアルゴリズム中では，すべての整数の組合せに対
して等しいかどうかをチェックするために，二重の for 文が使用されている．

アルゴリズム 1.5　等しい整数の出力

```
x = [37, 23, 13, 7, 88, 87, 23, 45, 88, 21]
n = len(x)

for i in range(n):
    for j in range(i + 1, n):
        if x[i] == x[j]:
            print(f'x[{i}]とx[{j}]は等しい')
```

出力
```
x[1]とx[6]は等しい
x[4]とx[8]は等しい
```

　では，入力サイズが n の場合のアルゴリズム 1.5 の時間計算量について考えてみよ
う．このアルゴリズムに含まれる if 文の時間計算量は $O(1)$ である．また，外側の for
文の繰り返し回数は $n-1$ 回であり，内側の for 文の繰り返し回数は，外側の for 文の
変数 i に依存し，$n-i$ 回である．したがって，このアルゴリズムの時間計算量は，以
下の式で表されるように $O(n^2)$ である．

$$\sum_{i=1}^{n-1}(n-i) \times O(1) = O(1) \times \sum_{i=1}^{n-1} i = O(1) \times \frac{n(n-1)}{2}$$
$$= O(n^2)$$

● Python コラム 2　（Python プログラムと時間計算量）●
　Python には豊富なライブラリがあり，多くの処理を短い行数で記述できる．たとえば，
n 個の入力から最大値を求めるアルゴリズム 1.4 に対して，組み込み関数の max を用い
れば，以下のアルゴリズム 1.6 のように，最大値を求める部分を 1 行で記述できる．

[†]　出力には print 関数のフォーマット文字列が用いられている．内容が不明な読者は，Python プログラミン
　　グに関する参考文献を参照してほしい．なお，フォーマット文字列は Python 3.6 以降のバージョンでない
　　と使用できないので注意が必要である．

> **アルゴリズム 1.6　組み込み関数 max を用いた最大値の計算**
>
> ```
> x=[83, 24, 65, 34, 3, 94, 74, 21, 12, 43]
>
> max_x = max(x)
> print(max_x)
> ```

　しかしながら，アルゴリズム 1.6 の行数が少なくなったからといって，アルゴリズム 1.4 に対してアルゴリズム 1.6 のほうが高速に実行できるわけではない．実行時間は，関数 max がどのように実装されているかに依存する．

　Python のプログラムにおいて，ライブラリや外部モジュールで定義されている関数が用いられている場合，その関数がどのようなアルゴリズムにより実装されているかは一般に不明であり，関数の時間計算量が検証できないことが多い．したがって，そのようなプログラムの高速化はなかなか難しいのだが，これらの関数がどのように実装されているかを調べたり予想したりすることにより，関数の時間計算量を推測可能な場合もある．いずれにせよ，「豊富なライブラリを使うことにより，ほかのプログラミング言語と比較して，プログラムが短く記述できる」という Python の特徴は，アルゴリズムの詳細を見えなくしてしまうことも多いので，Python プログラムにおいてアルゴリズムの高速化を検討する場合に悩ましい問題となる．

● 第 1 章のポイント ●

1. アルゴリズムとは，与えられた問題の正しい答えを求めるための「うまいやり方」であり，一般に，文章やプログラミング言語で記述される．

2. アルゴリズムの実行時間を表す時間計算量が小さければ小さいほど，よいアルゴリズムであるといえる．この時間計算量は，一般に，アルゴリズムの入力サイズ n の関数として表される．

3. アルゴリズムをもっとも高速に実行できる場合の時間計算量を最良時間計算量とよび，もっとも時間がかかる場合の時間計算量を最悪時間計算量とよぶ．通常は，最悪時間計算量を用いてアルゴリズムの評価を行う．

4. アルゴリズムの時間計算量は，一般に，漸近的な時間計算量を用いて評価される．この漸近的な時間計算量は，アルゴリズムの時間計算量を入力サイズ n の関数で表し，その関数の主要項から係数を削除して得られる関数が $f(n)$ であるとき，オーダ記法を用いて $O(f(n))$ と表される．

演習問題

1.1　以下の文章の①～⑤について，それぞれ正しい記号を下から選べ．正しい記号が複数存在する場合はすべて列挙せよ．

　アルゴリズムの時間計算量は，（　①　）．また，問題 P の入力サイズが n であるとき，この

問題 P に対するアルゴリズム A の最良時間計算量を $T_b(n)$，最悪時間計算量を $T_w(n)$ とすると，（ ② ）である．

入力サイズが n の問題 X を解く二つのアルゴリズム A，B の時間計算量が，それぞれ

$$T_A(n) = n^5 + 2^n + \log_2 n$$
$$T_B(n) = \sqrt{n} + n^2 - n$$

だとする．このとき，$T_A(n) = $（ ③ ）であり，$T_B(n) = $（ ④ ）である．また，非常に大きな n に対して，アルゴリズム A と B の実行速度を比較すると，（ ⑤ ）．

① ： a. アルゴリズムの評価基準である

    b. どのような入力に対してもつねに同じである

    c. 一般に入力サイズの関数を用いて表される

    d. 大きいほうがよいアルゴリズムである

② ： a. つねに $T_b(n) < T_w(n)$ b. つねに $T_b(n) > T_w(n)$

    c. つねに $T_b(n) \leq T_w(n)$ d. $T_b(n)$ と $T_w(n)$ は比較不能

③ ： a. $O(n^5)$ b. $O(2^n)$ c. $O(\log_2 n)$ d. $O(1)$

④ ： a. $O(\sqrt{n})$ b. $O(n^2)$ c. $O(n)$ d. $O(1)$

⑤ ： a. A のほうが B より高速に動作する

    b. B のほうが A より高速に動作する

    c. A と B はほぼ同じ速度で動作する

    d. A が速い場合もあれば B が速い場合もある

1.2　n ビットの 2 進数の各ビットが B[0], B[1], ..., B[n-1] という n 個の変数に格納されているとき，この 2 進数を 10 進数に変換して出力するアルゴリズムを示せ．また，このアルゴリズムの時間計算量をオーダ記法を用いて答えよ．

    例：入力が $n = 4$，B[0] = 1，B[1] = 1，B[2] = 0，B[3] = 1 のとき，入力の 2 進数は "1101" なので，出力は 13 $(2^3 + 2^2 + 2^0 = 13)$ である．

1.3　n 個の異なる整数の集合 $\{x_0, x_1, \ldots, x_{n-1}\}$ から，「$x_i + x_j = x_k$ かつ $i < j$」という条件を満たす三つの整数の組合せ (x_i, x_j, x_k) をすべて出力するアルゴリズムを示せ（アルゴリズム中では，x[0],x[1],...,x[n-1] という変数がそれぞれ $x_0, x_1, \ldots, x_{n-1}$ を表すものとする）．

    例：入力が $\{5, 2, 3, -1\}$ のとき，出力は $(2, 3, 5)$ と $(3, -1, 2)$ である．

また，このアルゴリズムの時間計算量を，オーダ記法を用いて答えよ．

2 アルゴリズムの基本データ構造

◆keywords◆
データ構造，配列，連結リスト，レコード，ポインタ，スタック，
キュー，FIFO，LIFO

　アルゴリズムをコンピュータ上で実行する場合，データの保存や関数の呼び出し方などについていくつかの基本的な方式があり，どの方式を選ぶかによって，アルゴリズムの時間計算量が大きく変化する．本書では，アルゴリズムで用いられるこれらの基本的な方式を，アルゴリズムの基本要素とよぶ．

　この基本要素のうち，データの保存方式に関するものはデータ構造とよばれる．どのようなデータ構造を採用するかによって，アルゴリズムの効率は大きく変わる．本章では，まず，多数のデータを保存するためのもっとも基本的なデータ構造である，配列と連結リストを紹介する．次に，コンピュータで大量のデータを記憶し処理するためのデータ構造である，スタックとキューについて説明し，配列を用いたスタックとキューの実現方法について述べる．

2.1 配列

　大量のデータを取り扱うときは，データをなんらかの形でまとめて格納する必要がある（まとめなければ，片付けをしていない部屋のように，データがどこにあるのかまったくわからなくなってしまう）．大量のデータを格納するデータ構造のうち，もっとも基本的なものが配列である．

　配列の基本的な概念は，駅や空港のコインロッカーのような整然と並んだ箱である．1次元配列とよばれるもっとも単純な配列の場合は，図2.1のように箱が横1列に並んでいる状況をイメージすればよい．ただし，箱は固定されており，順番を入れ替えたり，数を増やしたりすることはできない．

　アルゴリズムで用いられる配列では，上記の概念に基づき，データを連続的に並べて格納する．図2.2は，n個の格納場所が存在する配列である．一般に，配列には，配列名と，通し番号のついた格納場所がある．各格納場所は，配列名のあとにその番号を添

図 2.1　横 1 列に並んだロッカー

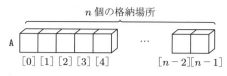

図 2.2 配列

字として付けることで表す．たとえば，配列 A の先頭から 3 番目の格納場所は A[2] と表される（通し番号は 0 から始まることに注意してほしい）．

配列の大きな特徴は，配列中の番号を指定することにより，任意の格納場所に対して定数時間でデータの読み出しと代入を行える点である．たとえば，格納場所 A[2] に対して 11 というデータを代入したい場合は，

A[2] = 11

という記述により，定数時間で図 2.3 のようにデータを代入できる．

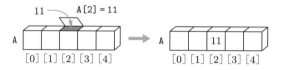

図 2.3 配列へのデータの格納

Python において配列の役割を担うのは，リストとよばれるデータ構造である†．たとえば，A[0]〜A[9] の値を $\{83, 24, 65, 34, 3, 94, 74, 21, 12, 43\}$ と初期化し，A[2] の値を 11 に変更する処理は，以下のように記述される．

アルゴリズム 2.1 **配列の代入**

```
A = [83, 24, 65, 34, 3, 94, 74, 21, 12, 43]

print(A[2])

A[2] = 11

print(A[2])
```

出力
```
65
11
```

ただし，配列にはいくつか欠点もある．たとえば，すでにいくつかのデータが格納されている配列の先頭に，新たにデータを追加する場合を考える．このとき，図 2.4 のように，A[0] から A[n-1] のすべての格納場所にデータが入っている場合は，右端から

---

† Python の標準ライブラリには array モジュールがあり，こちらのほうが配列の概念に近いのだが，リストのほうが使い勝手がよく，広く用いられているので，ここではリストを配列として紹介する．

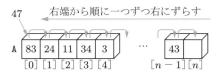

図 2.4　配列へのデータの追加

すべてのデータを一つずつ右にずらす必要がある.

したがって, 配列の先頭へのデータの追加は, 以下のアルゴリズムを用いて実行する必要があり, サイズ n の配列の先頭へデータを追加するアルゴリズムの時間計算量は, $O(n)$ となる.

アルゴリズム 2.2　配列の先頭へのデータの追加

```
A = [83, 24, 11, 34, 3, 94, 74, 21, 12, 43, None]    # Noneは"空"を表す値
n = len(A) - 1

for i in reversed(range(1, n + 1)):      # reversedはリストを逆順に並べ替える関数
    A[i] = A[i - 1]
A[0] = 47
print(A)
```

出力

```
[47, 83, 24, 11, 34, 3, 94, 74, 21, 12, 43]
```

配列に格納されているデータを削除する場合も, 追加の場合と同様に, 削除するデータから後ろの部分を順番に詰める必要がある. よって, サイズ n の配列からデータの削除を行うアルゴリズムの最悪時間計算量は $O(n)$ となる.

一方, 配列に対して追加（削除）を行うアルゴリズムがもっとも速く実行できるのは, 配列の末尾に追加（削除）を行う場合である. その場合, 時間計算量は定数時間である.

● Python コラム 3　（リストの動的な変更）●

C 言語など多くのプログラミング言語では, 配列のサイズをアルゴリズムの実行前にあらかじめ決めておく必要がある. しかしながら, Python のリストでは, 大きさは動的に変更可能であり, 以下のような関数でデータの追加や削除が可能である.

　　insert 関数：リストの指定した位置にデータを追加
　　append 関数：リストの末尾にデータを追加
　　pop 関数：リストの指定した位置のデータを取り出して削除

これらの関数の使用例を以下に示す.

アルゴリズム 2.3　関数を用いたリストの動的な変更

```
A = [83, 24, 11, 34, 3, 94, 74, 21, 12, 43]
```

```
A.insert(0,47)        # 先頭に47を追加
print(A)

A.append(55)          # 末尾に55を追加
print(A)

A.pop()               # 末尾のデータの削除
print(A)

A.pop(0)              # 先頭のデータの削除
print(A)
```

出力
```
[47, 83, 24, 11, 34, 3, 94, 74, 21, 12, 43]
[47, 83, 24, 11, 34, 3, 94, 74, 21, 12, 43, 55]
[47, 83, 24, 11, 34, 3, 94, 74, 21, 12, 43]
[83, 24, 11, 34, 3, 94, 74, 21, 12, 43]
```

　ただし，ここで気をつけておかなければならないのは，それぞれの関数の時間計算量である．アルゴリズム 2.2 で説明したとおり，リストの末尾へのデータの追加は定数時間で実行可能なので，append 関数の時間計算量は，どれほど大きなリストに対しても定数時間である．しかし，リストの指定した位置への挿入を行う insert 関数は，挿入位置により実行時間が異なり，大きさが n のリストへ挿入する場合の最悪時間計算量は $O(n)$ である．同様に，pop 関数による末尾のデータの削除は定数時間で実行可能だが，pop 関数による先頭のデータの削除には $O(n)$ の時間計算量が必要となる．

2.2　連結リスト

　配列同様に多くのデータを格納する代表的なデータ構造として，連結リスト†がある．連結リストの特徴は，配列のように格納場所を固定するのではなく，格納するデータのサイズに応じて格納場所を増加させたり減少させたりできることである．

　連結リストの基本的概念を理解するために，図 2.5 に示すような，小学校の朝礼で列を作る場合を考えてみよう．この場合，先生の「前へならえ」のかけ声とともに，それぞれの生徒は自分の前の生徒の後ろに並んで列を作るはずである．つまり，各生徒は「誰の後ろにいるか」という情報しかないにもかかわらず，全体として見れば一つの列ができあがる．この場合における各生徒のように格納場所を構成するのが，連結リストの考え方である．

　それでは，具体的な連結リストの構造を，図 2.6 を用いて説明しよう．連結リストにおける各格納場所はレコードとよばれる．各レコードは，データ格納場所と，レコード

---

†　まぎらわしいのだが，Python のデータ構造のリストとは別の概念である．

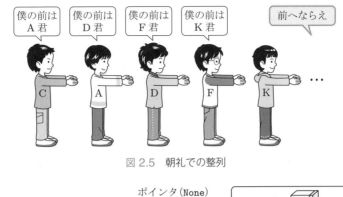

図 2.5　朝礼での整列

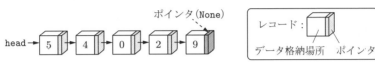

図 2.6　連結リスト

を指すポインタとよばれる部分から構成される．各レコードのポインタは，連結リスト
における次のレコードを指している．連結リストの末尾（右端）のレコードのポインタ
はほかのレコードを指すことができないので，「何もない」ということを表す None とい
う特別な値になる．また，連結リストの先頭（左端）のレコードは，先頭を表す特別な
ポインタ head により指されている．連結リストに対する操作は，このポインタ head
を用いて実行される．

　このように構成される連結リストの利点は，連結リストに含まれるレコードの数と
データ数が等しいということである．このため，最初にそのサイズを決めなければなら
ない配列とは異なり，連結リストでは，データ数に応じた記憶領域の確保が可能である．
この性質は，コンピュータ上でアルゴリズムを実行するときのメモリ使用量と密接に関
係するので，アルゴリズムをプログラムとして実装する場合の大きな長所となる．

　では，この連結リストを Python で実現する方法を説明していこう．まず，Python
のクラスを用いてレコードの定義を行い，連結リストを構成する例を示す．

アルゴリズム 2.4　レコードの定義と連結リストの構成

```
class Record:                      # レコードの定義
    def __init__(self, data, next):
        self.data = data
        self.next = next


R1 = Record(9, None)               # 連結リストを構成
R2 = Record(2, R1)
R3 = Record(0, R2)
R4 = Record(4, R3)
head = Record(5, R4)


p = head                           # 連結リスト内のデータをすべて出力
```

```
while p != None:
    print(p.data)
    p = p.next
```

出力
```
5
4
0
2
9
```

アルゴリズム 2.4 では，一つのレコードを表すクラス Record を定義している．この
クラスでは，data により格納するデータを表し，後続のレコードへのポインタを next
で表している．次に，一つずつレコードを生成することにより，連結リストを構成する．
レコードを生成するときに，すでに生成したレコードを引数 next の値として指定して，
連結リストの接続を行う．最後に，連結リスト内のすべてのデータの出力を行う．この
処理は，head から連結リストをたどりながらデータを出力することにより実現できる．

次に，追加と削除の操作が高速で実行可能であるという，連結リストのもう一つの利
点について説明しよう．連結リストは，その長さにかかわらず，先頭へのデータの追加
が定数時間で実行可能である．以下に，連結リストの先頭にデータを追加するアルゴリ
ズムを示す．

アルゴリズム 2.5　連結リストの先頭へのデータの追加
```
R = Record(3, head)    # 追加するデータは3
head = R
```

また，図 2.6 の連結リストに対してこのアルゴリズムを用いて "3" を追加する様子
を，図 2.7 に示す．

次に，連結リストから先頭データを削除する場合のアルゴリズムを以下に示す．先頭
データを削除するには head のポインタを変更するだけでよく，削除についても定数時

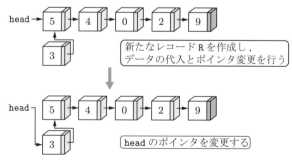

図 2.7　連結リストへの要素の追加

間で実行可能である.

アルゴリズム 2.6　連結リストからのデータの削除

```
if head is None:                    # headが何も指していない場合
    print('削除するデータはない')
else:                               # 先頭のレコードの削除
    print('先頭のデータは' + str(head.data))
    head = head.next
```

図 2.8 に，図 2.6 の連結リストから先頭のデータ "5" を削除する様子を示す[†].

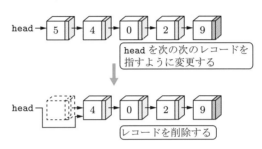

図 2.8　連結リストからのデータの削除

　このように，連結リストは，配列と比較すると，データの追加・削除が高速に実行でき，格納場所もデータのサイズに比例する個数しか必要としない点が優れている．しかし，連結リスト中のデータに対して直接アクセスすることはできないため，連結リスト中のレコードに保存されているデータに対してアクセスするには，連結リストの先頭からそのレコードまでのレコード数に比例する時間計算量が必要である．また，各レコードはデータ格納部とポインタから構成されているので，同じサイズの配列と比較すると，約 2 倍の記憶領域が必要である.

2.3　スタックとキュー

　ここまで，配列や連結リストといったもっとも基本的なデータ構造を説明してきた．本節では，コンピュータ上で大量のデータを連続的に処理する場合に使用されるデータ構造について説明する．実社会でもコンピュータ上でも，仕事やデータが多すぎて処理が追いつかない状況は頻繁に発生する．このような場合，たまっている仕事やデータをどのような順番で処理するかが重要である.

　たとえば，以下のような場合を考えてみよう．あなたは図書館で試験勉強をしているとする．このとき，親友が恋愛相談にのってほしいと声をかけてきたので返事をしようとしたら，親から携帯電話に電話がかかってきた．この場合，

[†] アルゴリズム 2.6 では明示的にレコードの削除を行っていないが，参照されなくなったレコードは，Python のガベージコレクションというしくみにより，自動的に削除される.

(A)　試験勉強をする

(B)　恋愛相談にのる

(C)　携帯電話に出る

という三つの作業を処理しなければならないが，どのような順番で処理をこなすべきだろうか．多くの人は，まず携帯電話に出て親からの電話を早急に済ませ，電話が済んだあとに友達からの恋愛相談にのり，恋愛相談が済んだら試験勉強に戻るという，(C)→(B)→(A) の順番で処理するだろう．つまり，この場合は，依頼された順番が遅いものから順番に処理している．

　もう一つ別の例を考えてみよう．あなたはファストフード店で注文を受けるアルバイトをしているとする．このファストフード店はお客が多く，レジの前に 3 人のお客が並んでいる．あなたは，3 人のお客から，それぞれ，

(A)　チーズバーガーとコーラ

(B)　てりやきバーガーとオレンジジュース

(C)　フィッシュバーガーとコーヒー

という注文をこの順番に受けた．この場合は，特定の注文の調理時間が長くかかるなどの特別な問題がなければ，注文順に (A)→(B)→(C) の順番で注文の商品を提供しなければ，お客から苦情を言われるだろう．つまり，この場合は，依頼された順番が早いものから処理しなければならない．

　このように，複数の仕事の処理方法には，次の二つの代表的な方式がある．

① 処理要求の順番が遅いものから処理する．

② 処理要求の順番が早いものから処理する．

アルゴリズムの分野では，①の処理方式を LIFO（last in first out の略で，リフォまたはライフォという），②の処理方式を FIFO（first in first out の略で，フィフォまたはファイフォという）とよぶ．これら二つの処理方式において，処理要求される大量のデータを記憶するための方式が，スタックとキューとよばれるデータ構造である．以下では，これらのデータ構造の概念と実現方法について，順に説明していく．

2.3.1　スタック

　スタックは，LIFO の順序でデータの格納，および取り出しを行うためのデータ構造である．このスタックの基本的な概念としては，図 2.9 のような，積み上げられた本の山を思い浮かべればよい．この例においてデータを格納するということは，本の山の上にさらに本を積み重ねることであり，このとき，本は山の一番上にしか追加することができない．逆に，データを取り出すということは，本の山から本を取り出すことであり，この場合も，一番上の本からしか取り出すことができない．

図 2.9　スタックの概念を表す例

アルゴリズムで用いられるスタックでは，スタックに対するデータの格納操作を push（プッシュ），データの取り出し操作を pop（ポップ）とよび，以下のように関数として定義する．

　　push(S,x)：スタック S に対して，データ x を格納する．
　　pop(S)：スタック S からデータを取り出し，そのデータを出力する．

図 2.10 に，スタックと，スタックに対する操作の概念図を示す．図 2.10 (a) は，1，4，2 という順番でデータが格納されたスタック S を表している．このスタックに対して，push(S,3)，pop(S)，pop(S) という順番で操作したときのスタックの様子を，それぞれ図 2.10(b)〜(d) に示す．

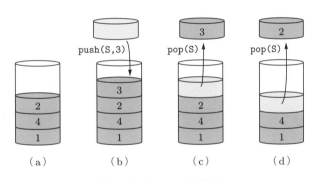

図 2.10　スタックの概念図

それでは，このスタックを Python で実現してみよう．実は，スタックはさまざまな方法で実現できる．ここでは，おもに配列を用いる方法について説明する．
　配列を用いてスタックを実現する場合は，スタックを表す配列 S と，スタックの一番上のデータの格納場所の添字を表す変数 top を用いることにより，関数 push と関数 pop をアルゴリズム 2.7 のように実現できる．

アルゴリズム 2.7　関数 push と関数 pop（その 1）

```
n = 5              # スタックのサイズ
S = [None for _ in range(n)]
                   # 配列（リスト）Sをリスト内包表記ですべてNoneで初期化
top = -1           # 変数topはグローバル変数

def push(S, x):
```

```
        global top      # 変数topを関数内で変更するためグローバル宣言
        top = top + 1
        if top == n:
            print('スタックオーバーフロー')
        else:
            S[top] = x

def pop(S):
    global top
    if top == -1:
        print('スタックアンダーフロー')
    else:
        print('popで' + str(S[top]) + 'を出力')
        S[top] = None
        top = top - 1

push(S, 1)
push(S, 4)
push(S, 2)
print(S)
push(S, 3)
pop(S)
pop(S)
print(S)
```

出力
```
[1, 4, 2, None, None]
popで3を出力
popで2を出力
[1, 4, None, None, None]
```

アルゴリズム 2.7 による push，pop の様子を図 2.11 に示す．図 2.11(a)〜(d) は，図 2.10(a)〜(d) にそれぞれ対応している．関数 push によりデータを追加する場合は，変

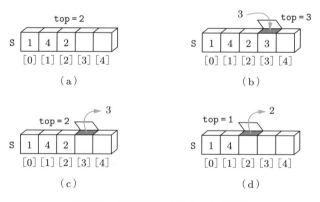

図 2.11　配列を用いたスタックの実現

数 top を 1 だけ増加させ，データを配列中の top が示す場所に格納する．また，関数 pop によりデータを取り出す場合は，配列中の top が示す場所のデータを取り出し，top を 1 だけ減少させる．ただし，スタックに格納されるデータ数が配列のサイズより大きくなる場合（オーバーフローとよばれる）や，スタックに格納されたデータが存在しないのに，pop が実行されようとする場合（アンダーフローとよばれる）の処理を考慮する必要がある．アルゴリズム 2.7 の push と pop は，これらの処理も考慮したアルゴリズムとなっている．

アルゴリズム 2.7 からわかるように，配列を用いた場合の push および pop は，どちらも $O(1)$ 時間で実行できる．

● Python コラム 4 （Python におけるスタックの実現方法）●

上記では配列によるスタックの実現方法を紹介したが，Python では，単純にリストを用いたり，Queue モジュールの Queue 型を用いるなど，さまざまな方法でスタックを実現できる．以下では，Python の標準ライブラリの collections モジュールに含まれている deque 型を用いてスタックを実現する方法を示す．

アルゴリズム 2.8　　**関数 push と関数 pop（その 2）**

```python
from collections import deque

S = deque()      # Sを空のスタックとして準備

def push(S, x):
    S.append(x)

def pop(S):
    if len(S) == 0:
        print('スタックアンダーフロー')
    else:
        print('popで' + str(S.pop()) + 'を出力')
```

collections モジュールの deque 型の詳細については，Python プログラミングの参考文献をあたってみてほしい．アルゴリズム 2.8 より，deque 型では，LIFO によるデータの格納と取り出しが append と pop という二つのメソッドで実現されているのがわかるだろう．なお，このアルゴリズムの動作はアルゴリズム 2.7 とほぼ同じだが，deque 型に対する append は，制限をしない場合はメモリの限界まで実行可能なので，オーバーフローの処理は省かれている．また，Python の deque 型は内部では双方向の連結リストにより実現されているので，アルゴリズム 2.8 の push と pop は定数時間で実行できることが保証されている．

2.3.2　キュー

キューは，FIFO の順序でデータの格納，および取り出しを行うためのデータ構造である．このキューの概念を表すものとしては，図 2.12 のような繁盛しているラーメン

図 2.12 キューの概念を表す例

屋や，混雑したレジの前などの行列が例として挙げられる．このような行列では，必ず列の先頭から順番に食事や支払いなどの処理が実行される．

アルゴリズムで用いられるキューでは，キューに対するデータの格納操作を enqueue（エンキュー），データの取り出し操作を dequeue（デキュー）とよび，以下の関数で定義する．

enqueue(Q,x)：キュー Q に対して，データ x を格納する．
dequeue(Q)：キュー Q からデータを取り出し，そのデータを出力する．

図 2.13 に，キューと，キューに対する操作の概念図を示す．この図では，キューは横に寝かされた円筒形の容器として表されており，右からデータを追加し，左からデータを取り出すようになっている．図 (a) は 1, 4, 2 というデータがこの順番で格納されたキュー Q を表している．このキューに対して，enqueue(Q,3)，dequeue(Q)，dequeue(Q) と順番に操作したときの様子を，それぞれ図 (b)〜(d) に示す．

このキューを Python で実現する方法の一例として，スタックの場合と同様に，配列を用いて実現する方法について述べる．配列を用いてキューを実現する場合は，キューを表す配列 Q とキューの左端および右端を表す変数 left, right を用いることにより，

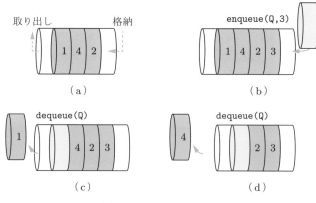

図 2.13 キューの概念図

関数 enqueue と関数 dequeue をアルゴリズム 2.9 のように実現できる．ただし，変数 right はキューに格納されている右端のデータより一つ右の格納場所を表すことに注意しよう．

アルゴリズム 2.9 関数 enqueue と関数 dequeue（その 1）

```python
n = 5        # キューのサイズ
Q = [None for _ in range(n)]
             # 配列（リスト）Qをリスト内包表記ですべてNoneで初期化
left = 0     # 変数leftとrightはグローバル変数
right = 0

def enqueue(Q, x):
    global right    # 変数rightを関数内で変更するためグローバル宣言
    Q[right] = x
    right = right + 1
    if right == n:
        right = 0
    if left == right:
        print('キューオーバーフロー')

def dequeue(Q):
    global left    # 変数leftを関数内で変更するためグローバル宣言
    if left == right:
        print('キューアンダーフロー')
    else:
        print('dequeueで' + str(Q[left]) + 'を出力')
        Q[left] = None
        left = left + 1
    if left == n:
        left = 0

enqueue(Q, 1)
enqueue(Q, 4)
enqueue(Q, 2)
print(Q)
enqueue(Q, 3)
dequeue(Q)
dequeue(Q)
print(Q)
```

出力
```
[1, 4, 2, None, None]
dequeueで1を出力
dequeueで4を出力
[None, None, 2, 3, None]
```

アルゴリズム 2.9 による enqueue，dequeue の様子を図 2.14 に示す．図 2.14 の

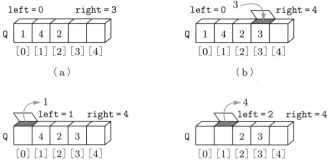

図 2.14　配列を用いたキューの実現

(a)～(d) は，図 2.13 の (a)～(d) にそれぞれ対応している．関数 enqueue において
キューにデータを追加する場合は，配列中の right が示す格納場所にデータを格納し，
right を 1 だけ増加させる．また，関数 dequeue においてデータを取り出す場合は，
left が示す場所のデータを取り出したあとに，left を 1 だけ増加させる．

　ただし，そのままで enqueue および dequeue を繰り返すと，変数 right および left
はつねに増加するので，キューの中にデータがないにもかかわらず配列を使い切ってし
まう場合が起こる．このような状況を避けるために，変数 right および left が配列サ
イズ n と同じ値になった場合は，変数の値を 0 に初期化し，配列を左端から再利用する．

　また，アルゴリズム 2.9 は，スタックの場合と同様に，オーバーフローやアンダーフ
ローの場合も考慮したアルゴリズムとなっている．オーバーフローのチェックがデータ
の追加後に行われているが，このチェックはデータの追加前には行うことができない．
その理由は各自で考えてほしい．

　上記のアルゴリズム 2.9 より，配列を用いた場合のキューに対する enqueue および
dequeue は，どちらも $O(1)$ 時間で実行できることがわかる．

● Python コラム 5　（Python におけるキューの実現方法）●
　スタックの場合と同様に，Python の標準ライブラリの collections モジュールに含ま
れている deque 型を用いると，キューを簡単に実現できる．

アルゴリズム 2.10　関数 enqueue と関数 dequeue（その 2）
```
from collections import deque

Q = deque()     # Qを空のキューとして準備

def enqueue(Q, x):
    Q.append(x)

def dequeue(Q):
    if len(Q) == 0:
```

```
            print('キューアンダーフロー')
        else:
            print('dequeueで' + str(Q.popleft()) + 'を出力')
```

　このアルゴリズム 2.10 の場合も，deque 型が双方向の連結リストで実現されているので，enqueue と dequeue は定数時間で実行できる．

● 第 2 章のポイント ●

1. 配列では，データは連続的に格納されているので，配列中の番号を指定することにより，任意の格納場所に対して定数時間でデータの読み出しと格納を行うことができる．しかし，サイズが n の配列の先頭へのデータの追加や削除には，$O(n)$ 時間が必要である．

2. 連結リストでは，一つのデータをレコードとよばれる格納場所で管理し，各レコードをポインタで指すことにより，データの列を作成する．格納するデータのサイズに応じて格納場所を変更できたり，先頭データの追加や削除が $O(1)$ 時間で実行できたりという利点がある．一方で，連結リスト内部の要素の探索に時間がかかったり，同じサイズの配列の約 2 倍の記憶領域が必要であったりという欠点もある．

3. スタックは，処理要求の順番が遅いものから処理を済ませる場合に用いられるデータ構造である．データを格納する関数 push とデータを取り出す関数 pop により，操作が行われる．配列を用いてスタックを実現した場合，関数 push および関数 pop はどちらも $O(1)$ 時間で実行可能である．

4. キューは，処理要求の順番が早いものから処理を済ませる場合に用いられるデータ構造である．データを格納する関数 enqueue とデータを取り出す関数 dequeue により，操作が行われる．スタックの場合と同様に，配列を用いてキューを実現した場合，関数 enqueue および関数 dequeue はどちらも $O(1)$ 時間で実行可能である．

● 演習問題

2.1　以下の文章の①〜⑥について，それぞれ正しい記号を下から選べ．正しい記号が複数存在する場合はすべて列挙せよ．ただし，⑤と⑥については，もっとも適切なものを一つだけ選ぶこと．

　配列は，（　①　）．一方，連結リストは，（　②　）．
　スタックは，（　③　）ためのデータ構造であり，キューは，（　④　）ためのデータ構造である．配列を用いて n 個のデータを格納するスタックを実現した場合，そのスタックに対する push と pop の時間計算量は，どちらも（　⑤　）である．また，配列を用いて n 個のデータを格納するキューを実現した場合，そのキューに対する enqueue と dequeue の時間計算量は，どちらも（　⑥　）である．

①：a. 末尾へのデータの追加は定数時間で可能である

　　　b. 先頭へのデータの追加は連結リストよりつねに高速に実行できる

　　　c. 任意の格納場所に対して定数時間でデータの読み出しと書き込みが実行可能である

　　　d. 任意の格納場所に対して追加や削除が多いデータを格納するのに向いている

②：a. 格納するデータのサイズ変更に対応できる

　　　b. 同じデータを格納する配列より必要な記憶領域はつねに小さい

　　　c. 先頭のデータの削除は定数時間でできる

　　　d. 一つのデータをレコードとよばれる格納場所で管理する

③：a. 処理要求の順番が早いものから処理を済ませる

　　　b. LIFO の順序でデータを格納する

　　　c. 処理要求の順番が遅いものから処理を済ませる

　　　d. FIFO の順序でデータを格納する

④：a. 処理要求の順番が早いものから処理を済ませる

　　　b. LIFO の順序でデータを格納する

　　　c. 処理要求の順番が遅いものから処理を済ませる

　　　d. FIFO の順序でデータを格納する

⑤：a. $O(n)$　　　　b. $O(\log n)$　　　　c. $O(1)$　　　　d. $O(2^n)$

⑥：a. $O(n)$　　　　b. $O(\log n)$　　　　c. $O(1)$　　　　d. $O(2^n)$

2.2　空のスタック S に対して，以下の操作を順番に実行した．

$\text{push}(S,4) \rightarrow \text{push}(S,3) \rightarrow \text{push}(S,8) \rightarrow \text{pop}(S) \rightarrow \text{pop}(S) \rightarrow \text{push}(S,7) \rightarrow \text{push}(S,1) \rightarrow \text{pop}(S)$

(1)　1 回目，2 回目，3 回目の pop で出力される値をそれぞれ答えよ．

(2)　このスタックが配列 S[0]～S[3] で実現されている場合，操作終了後の配列の状態を，図 2.11(a) と同様に示せ．

2.3　空のキュー Q に対して，以下の操作を順番に実行した．

$\text{enqueue}(Q,4) \rightarrow \text{enqueue}(Q,3) \rightarrow \text{enqueue}(Q,8) \rightarrow \text{dequeue}(Q) \rightarrow \text{dequeue}(Q) \rightarrow \text{enqueue}(Q,7)$
$\rightarrow \text{enqueue}(Q,1) \rightarrow \text{dequeue}(Q)$

(1)　1 回目，2 回目，3 回目の dequeue で出力される値をそれぞれ答えよ．

(2)　このキューが配列 Q[0]～Q[3] で実現されている場合，操作終了後の配列の状態を，図 2.14(a) と同様に示せ．

3 アルゴリズムにおける基本概念

◆keywords◆
木，2分木，完全2分木，再帰，再帰木

　本章では，前章に引き続き，アルゴリズムをコンピュータ上で実行する場合の基本要素について説明する．ここで説明するのは，アルゴリズムの作成や理解に必要となる基本的な概念や手法である．まず，データの集合を視覚的に表現し，データ間の順序や依存関係を表す場合によく用いられる木とよばれる概念を紹介し，木を表すデータ構造について説明する．次に，関数の処理方法の一つである再帰について説明し，再帰アルゴリズムの動作や時間計算量を木を用いて表す方法を示す．

3.1 木

3.1.1 木の概念

　アルゴリズムの中で用いられる木という概念は，「グラフとよばれる数学的抽象概念の特殊形」である．このように書くと難しく感じるかもしれないが，木は，データを視覚的に表すための図として日常で頻繁に用いられている．木の例としては，図 3.1(a) に示すようなトーナメント表や，図 (b) に示すような会社の組織図などがある．

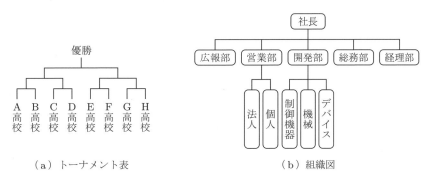

（a）トーナメント表　　　　　（b）組織図

図 3.1　日常における木

　ここでは，まず木の定義を用語とともに順番に説明していこう．図 3.2 に木の例を示してあるので，この図を見ながら以下の定義を理解してほしい．

　木は，円を用いて表される節点とよばれる集合と，節点の対を結ぶ線で表される辺とよばれる集合で構成される．各節点はデータをもつ場合があり，その場合は，円で表さ

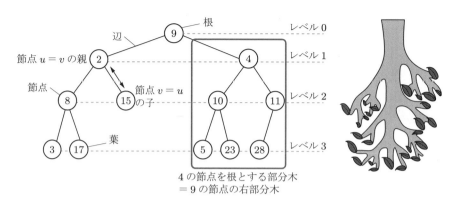

図 3.2　アルゴリズムにおける木と実際の木

れる節点の内部にそのデータを記入する.

　節点の中には, 根とよばれる起点となる節点が一つだけ存在する. 一般に, 木は根を起点とし, 下に分岐するように描かれる. 二つの節点 u, v が辺で結ばれており, 節点 u のほうが節点 v より根に近いとき, 節点 u は節点 v の親であるといい, 節点 v は節点 u の子であるという. 木では, 二つの異なる節点が共通の子をもつことはない. また, 子をもたない節点を葉とよび, 葉以外の節点を内部節点とよぶ.

　根以外の節点に対して, その節点とそれより下の部分の木を, その節点を根とする部分木とよぶ. また, 節点の左と右の子を根とする部分木を, それぞれ左部分木, 右部分木とよぶ.

　図 3.2 は, 各節点が整数のデータをもつ木の例である. 右に描いてある実際の木の例からわかるように, アルゴリズムで用いられる木は, 実際の木とは上下が逆の概念である.

　木の中のどの節点も k 個以下の子しかもたない木のことを k 分木といい, とくに $k = 2$ の場合の木を 2 分木という. 図 3.2 の木は, すべての節点が 2 個以下の子しかもたないので, 2 分木である.

　木に含まれる二つの節点は, 節点と辺の列により必ず結ばれる. この列のことを, 二つの節点間の経路とよぶ. また, ある節点から根までの経路に含まれる辺の数を, その節点のレベルとよぶ. 木に含まれる葉のレベルの最大値に 1 を加えたものを, 木の高さとよぶ. 図 3.2 では同じレベルの節点を破線で結んで表している. 葉のレベルの最大値は 3 なので, この木の高さは 4 である.

　また, すべての葉のレベルが同じで, かつ, すべての内部節点に k 個の子をもつ場合, この木を完全 k 分木とよび, とくに $k = 2$ の場合の木を完全 2 分木とよぶ. 図 3.3 に, 高さが 5 の完全 2 分木を示す.

3.1.2　完全 2 分木の性質

　上記の完全 2 分木はもっとも基本的な木であり, アルゴリズムの解析や実行の様子の表現にもよく利用される. ここでは, 完全 2 分木について, あとで利用されるいくつか

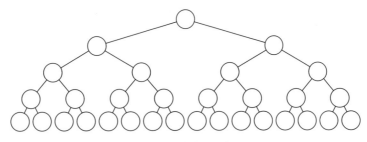

図 3.3　完全 2 分木

の重要な性質について述べておく.

　まず，完全 2 分木の高さと葉の数の関係について考える．完全 2 分木において，レベルが 0 の節点数は 1 であり，レベルが 1 の節点数は 2 である．以下，完全 2 分木の定義から，レベルが 1 増加するごとに，そのレベルの節点数は 2 倍になることがわかるので，レベルが k の節点数は 2^k 個である．ここで，木の高さは「木に含まれる葉のレベルの最大値に 1 を加えたもの」と定義され，また，完全 2 分木ではすべての葉のレベルが同じなので，木の高さを h とすると，完全 2 分木のすべての葉のレベルは $h-1$ である．したがって，完全 2 分木の葉の数について，以下の性質が成り立つ.

◆ 性質 3.1

　完全 2 分木の葉の数は，その完全 2 分木の高さを h とすると，$2^{h-1} = O(2^h)$ である.

　上記の性質とは逆に，葉の数が m 個のときの完全 2 分木の高さを考えてみる．葉の数が m 個のときは，完全 2 分木の高さを h とすると，性質 3.1 より $m = 2^{h-1}$ が成り立つので，$h = 1 + \log_2 m$ となる．したがって，以下の性質が成り立つ.

◆ 性質 3.2

　完全 2 分木の高さは，その完全 2 分木の葉の数を m とすると，$1 + \log_2 m = O(\log m)$ である.

　次に，完全 2 分木の高さと木に含まれる節点の数の関係について考える．完全 2 分木に含まれる節点の数は各レベルの節点数の和で表される．前述のとおり，完全 2 分木において，レベルが k の節点数は 2^k 個である．したがって，完全 2 分木の高さを h とすると，節点の数は以下の式で表される.

$$1 + 2 + 4 + 8 + \cdots + 2^{h-1} = \sum_{k=0}^{h-1} 2^k$$

この式は，初項が 1，公比が 2 の等比数列の和である．ここに，初項 a，公比 r の等比数列の和の公式 $\sum_{i=0}^{n-1} a \cdot r^i = a(1 - r^n)/(1 - r)$ を用いると，以下の式が得られる.

$$\sum_{k=0}^{h-1} 2^k = 1 \cdot \frac{1-2^h}{1-2}$$
$$= 2^h - 1$$

よって，この式より，以下の性質が得られる.

◆ **性質 3.3** ━━━━━━━━━━━━━━━━━━━━━━━━━━━━━━━━━

　完全 2 分木の節点の数は，その完全 2 分木の高さを h とすると，$2^h - 1 = O(2^h)$ である.

━━━

　また，この性質とは逆に，節点の数が n の場合の完全 2 分木の高さを考える.節点の数が n の場合は，完全 2 分木の高さを h とすると，性質 3.3 より $n = 2^h - 1$ が成り立つ.これより，$h = \log_2(n+1)$ であり，以下の性質が成り立つ.

◆ **性質 3.4** ━━━━━━━━━━━━━━━━━━━━━━━━━━━━━━━━━

　完全 2 分木の高さは，その完全 2 分木の節点の数を n とすると，$\log_2(n+1) = O(\log n)$ である.

━━━

　これらの木に関する性質をまとめると，「完全 2 分木の節点の数や葉の数は，高さの指数関数となっており，完全 2 分木の高さは，節点の数や葉の数に対して対数関数となっている」ということである.これは，さまざまなアルゴリズムの計算量を考えていくうえで重要な性質なので，覚えておくとよい.

3.1.3　完全 2 分木の実現

　木をアルゴリズム中で用いるには，さまざまな実現方法がある.ここでは，配列を用いて完全 2 分木を表現する方法を説明する.これは，後述のヒープとよばれるデータ構造で木を使用する場合に用いられる方法である.

　まず，木の節点を区別するために，各節点に番号を付ける.すべての節点に異なる番号を付けるために，この番号付けは以下のような方針で行う.

　① 木の根を表す節点の番号を 1 とする.

　② 番号 i をもつ節点の二つの子について，左側の子の番号を $2i$，右側の子の番号を $2i+1$ とする（図 3.4(a)）.

　この方針で根から葉に向かって番号付けを行うと，図 3.4(b) のように，各節点に対して固有の連続した番号を付けることができる.

　次に，木を表す配列 T を準備する.木に含まれる節点の数が n である場合，配列 T のサイズは少なくとも $n+1$ でなければならない.この配列を用いて木を実現するには，番号が i の節点のデータを T[i] に格納するとよい.図 3.5 に，図 3.4(b) の木のデータ

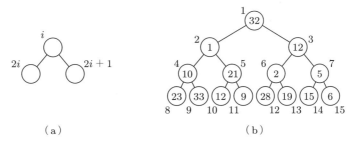

図 3.4　完全 2 分木の番号付けの方針と番号付けされた完全 2 分木

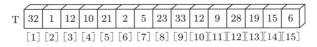

図 3.5　完全 2 分木を表す配列

を格納する配列を示す．なお，T[0] は使用しないので図から省略している．

　この配列を用いると，番号が i の節点のデータは T[i] に格納されており，番号 i の節点の二つの子のデータは，それぞれ T[2i] と T[2i+1] に格納されている．また，番号 i の節点の親のデータは，添字 $k = \lfloor i/2 \rfloor$ をもつ格納場所 T[k] に格納されている[†]．

3.2　再帰

3.2.1　再帰の概念と動作

　アルゴリズム中で関数を用いる場合，関数の中でその関数自身を呼び出すことができる．このような関数の処理方法を再帰とよび，再帰的な関数を含むアルゴリズムのことを再帰アルゴリズムとよぶ．再帰はアルゴリズムを考えるうえで非常に重要な要素であるが，アルゴリズムの記述からその動作を直感的に想像できないので，再帰アルゴリズムの動作の把握は難しいと感じる人も多い．ここでは，再帰アルゴリズムについて，その概念と動作を可視化する手法を説明するとともに，再帰アルゴリズムの時間計算量の計算方法について述べる．

　まず，再帰の概念について，簡単な例を用いて説明する．最初に，高校で漸化式を習ったときに出てきたような，以下の問題について考えてみよう．

> **問題 3.1**
>
> 　ある細胞は，試験管中で 1 分経過すると分裂して数が 2 倍になるが，分裂直後に全細胞のうち 1 個が死滅してしまう．最初に試験管に 10 個の細胞を入れたとき，細胞を入れてから n 分後の試験管中の細胞の数はいくつか．

　この問題において，n 分後の細胞の個数を $c(n)$ という関数で表すとする．この $c(n)$ を n を用いた式としていきなり求められれば話は早いが，一般には，そのような計算は

[†]　$\lfloor x \rfloor$ という記号は，x を超えない最大の整数（x の小数点以下を切り下げた整数）を表す．

難しい. ただし, n 分後の細胞の個数 $c(n)$ と $n-1$ 分後の細胞の個数 $c(n-1)$ の関係は, 問題 3.1 の文章より, $c(n) = 2 \times c(n-1) - 1$ という漸化式で表せることがわかる. また, 試験管に細胞を入れたときには 10 個の細胞があるので, $c(0) = 10$ である.

再帰的な関数を用いることで, これだけの情報から, $c(n)$ を求めるアルゴリズムを作ることができる. 上記の漸化式から n 分後の細胞の個数を求める再帰的な関数 cell(n) を以下に示す.

```
アルゴリズム 3.1
def cell(n):
    if n == 0:
        return 10
    else:
        return 2 * cell(n - 1) - 1

print(cell(3))
```

この再帰的な関数 cell(n) はどのように実行されるのかを, $n = 3$ の場合について, 図 3.6 を用いて考えてみよう.

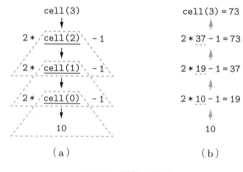

図 3.6　再帰の様子

まず, 図 3.6(a) により, 再帰が展開される様子を説明する. はじめに, cell(3) という形で呼び出された関数は, return 2*cell(2)-1 という行により, 値を出力しようとする. ところが, cell(2) はまだ計算されていないので, 再度関数 cell(2) を呼び出し, return 2*cell(1)-1 という行により, 値を出力しようとする. ここで, cell(1) はまだ計算されていないので, さらに関数 cell(1) を呼び出し, return 2*cell(0)-1 という行により値を出力しようとし, 関数 cell(0) を呼び出す. このとき, アルゴリズムの if 文より, cell(0) の値は 10 であると出力されるので, 再帰の展開をここで終了する.

展開が終了した関数は, 図 3.6 (b) に示すように, その値を呼び出した関数に渡す. 値を渡された関数は出力の値の計算を行い, さらに上位の関数に値を渡す. これを繰り返し, 最後に cell(3) の出力に値が渡されることにより, アルゴリズムは終了となる.

このように，実行を丁寧に追っていけば，再帰アルゴリズムの動作を理解することはそれほど難しくない．

3.2.2 再帰木を用いた再帰アルゴリズムの時間計算量の求め方 (1)

それでは次に，別の簡単な例を用いて，再帰アルゴリズムの時間計算量の求め方について説明していこう．問題として，配列 A[0], A[1], ..., A[n-1] に格納されている n 個の整数の和を求めることを考える．この和は，以下のような，再帰を用いない単純なアルゴリズムで求めることができる．

アルゴリズム 3.2　和の計算

```
A = [1, 2, 3, 4, 5, 6, 7, 8, 9, 10]
n = len(A)

total = 0
for i in range(n):
    total = total + A[i]

print(total)
```

出力
```
55
```

入力サイズが n のとき，for 文による n 回の繰り返しにより，このアルゴリズムの時間計算量は $O(n)$ である．

この和を再帰アルゴリズムで求めてみよう．はじめに，配列 A[0] から A[i] までの和 $\sum_{j=0}^{i}$ A[j] を表す関数を total(i) とする．このとき，total(i) は，total(i-1) と A[i] を用いて

total(i) = total(i-1) + A[i]

と表すことができる．この考え方を用いると，以下の再帰的な関数 recursive_total1 が作成できるだろう．この関数の出力は，アルゴリズム 3.2 と同じである．

アルゴリズム 3.3　和の計算を行う再帰アルゴリズム（その 1）

```
def recursive_total1(A):
    i = len(A) - 1
    if i == 0:
        return A[0]
    else:
        return recursive_total1(A[0:i]) + A[i]
        # A[0:i]はリストAのA[0]からA[i-1]を表す

A = [1, 2, 3, 4, 5, 6, 7, 8, 9, 10]
```

```
print(recursive_total1(A))
```

　ここで，上記アルゴリズム 3.3 の計算量を考える．まず，n 個の和を求めるアルゴリズム全体の時間計算量を $T(n)$ とおく．このとき，上記のアルゴリズムは，定数個の演算（if 文や加算など）と，時間計算量が $T(n-1)$ となる関数の再帰的な呼び出しから構成されている．したがって，定数個の演算の時間計算量を定数 c とおくと，$T(n)$ について以下の式が成り立つ．

$$T(n) = \begin{cases} T(n-1) + c & (n \geq 2 \text{ の場合}) \\ c & (n = 1 \text{ の場合}) \end{cases}$$

　この例のように，再帰アルゴリズムの時間計算量は漸化式で表されることが多い．この時間計算量が漸化式で表される再帰アルゴリズムに対して，その実行を可視化し，時間計算量を求めるための便利な方法が，再帰木とよばれる木を描く方法である．再帰木は，以下のような手順で描くことができる．

① 時間計算量の漸化式のうち再帰を表していない部分を木の根として一番上に書き，その下に再帰を表す節点を描いて線で結ぶ．
② ①の操作を再帰が終了するまで繰り返す．

上記の手順に従ってアルゴリズム 3.3 の再帰木を描く様子を，図 3.7 に示す．図 (a) では，上記手順の①に基づいた最初の木が描かれている．図 (a) から漸化式を 1 回展開することにより図 (b) の木が，図 (b) からさらに漸化式を展開することにより図 (c) の木が得られる．そして，再帰が終了するまでこれを繰り返すことにより，図 (d) の再帰木が得られる．

　この再帰木の見方を説明しよう．まず，再帰木の高さは，再帰の深さ（再帰的に繰り返し関数が呼び出される回数）を表している．また，各節点の値は，その節点が表す再帰を終了するのに必要な時間計算量を表している．したがって，再帰アルゴリズムの時間計算量は，再帰木のすべての節点が表す値の和に等しいことになる．図 3.7(d) の再

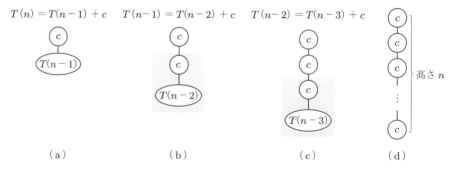

図 3.7　アルゴリズム 3.3 の再帰木

帰木の場合は，再帰木の高さは n であり，各レベルの節点数は 1，各節点の値は c であるので，この再帰木で表される再帰アルゴリズムの時間計算量は $c \times n = O(n)$ である．

3.2.3 再帰木を用いた再帰アルゴリズムの時間計算量の求め方 (2)

再帰木をさらに理解するために，配列 A[0], A[1], ..., A[n-1] の和をアルゴリズム 3.3 とは違う方法で求める再帰アルゴリズムについて考える．アルゴリズム 3.4 は，配列 A[0], A[1], ..., A[n-1] の和が，その配列の半分ずつの和を足したものに等しいという，以下の式に基づいた再帰アルゴリズムである．

$$\sum_{i=0}^{n-1} A[i] = \sum_{i=0}^{\lfloor \frac{n-1}{2} \rfloor} A[i] + \sum_{i=\lfloor \frac{n-1}{2} \rfloor + 1}^{n-1} A[i]$$

アルゴリズム 3.4　和の計算を行う再帰アルゴリズム（その 2）

```
def recursive_total2(A):
    n = len(A)
    if n == 1:
        return A[0]
    else:
        A1 = A[0:(n-1) // 2 + 1]      # ′//′は切り捨て除算を行う演算子
        A2 = A[(n-1) // 2 + 1:n]
        x = recursive_total2(A1)
        y = recursive_total2(A2)
        return x + y

A = [1, 2, 3, 4, 5, 6, 7, 8, 9, 10]
print(recursive_total2(A))
```

このアルゴリズム 3.4 の計算量を考える．簡単のため，n は 2 のべき乗の数であると仮定する．n 個の和を求めるのに必要なアルゴリズムの時間計算量を $T(n)$ とおくと，このアルゴリズム 3.4 は，定数個の演算（if 文や加算など）と，時間計算量が $T(n/2)$ となる二つの再帰呼び出しから構成されている．したがって，定数個の演算の時間計算量を定数 c とおくと，$T(n)$ について以下の式が成り立つ．

$$T(n) = \begin{cases} 2T\left(\dfrac{n}{2}\right) + c & (n \geq 2 \text{ の場合}) \\ c & (n = 1 \text{ の場合}) \end{cases}$$

上記の漸化式に基づいた再帰木を図 3.8 に示す．まず，式に基づき図 (a) の木が得られ，ここから漸化式を 1 回展開することにより，図 (b) の木が得られる．そして，この木を再帰が終了するまで展開することにより，図 (c) の再帰木が得られる．

ここで，この再帰木の高さを h とおいて，再帰途中の入力サイズに着目して h の値を求める．再帰を始める前の入力サイズは n であり，再帰木のレベルが一つ増えるご

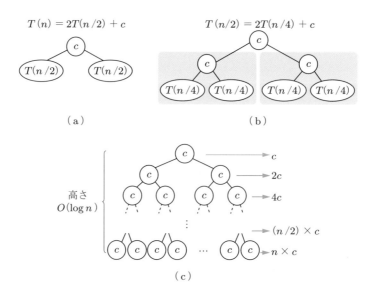

図 3.8　アルゴリズム 3.4 の再帰木

とに入力サイズは $1/2$ になる．したがって，再帰木のレベル k における入力サイズは $(1/2)^k n$ となる．この入力サイズが 1 になるまで再帰が繰り返されるので，再帰木の高さ h について以下の式が成り立つ．

$$\left(\frac{1}{2}\right)^{h-1} n \leq 1$$

この式はアルゴリズム 1.3 の計算量の場合と同じように解くことができ，$h = 1 + \log_2 n$ となる．また，この再帰木は完全 2 分木であり，葉の数は入力サイズ n に等しいので，性質 3.2 からも，$h = 1 + \log_2 n$ であることがわかる．

　この h を用いて，再帰木により表される時間計算量を求める．図 3.8 (c) に表されているように，再帰木の各レベルに含まれる節点の値の和は，$c, 2c, 4c, \ldots, (n/2)c, nc$ という，初項 c，項比 2 の等比数列となっている．また，この数列の項数は木の高さ $h = 1 + \log_2 n$ に等しい．よって，初項 a，公比 r の等比数列の和の公式 $\sum_{i=0}^{n-1} a \cdot r^i = a(1 - r^n)/(1 - r)$ を用いて，再帰木のすべての節点の値の和，すなわち，アルゴリズム 3.4 の時間計算量を求めると，以下の式により，$O(n)$ であることがわかる．

$$\sum_{i=0}^{\log_2 n} c \cdot 2^i = c \cdot \frac{1 - 2^{1+\log_2 n}}{1 - 2} = c(2n - 1) = O(n)$$

　なお，前節と本節で述べた再帰アルゴリズムの例は，再帰の概念や再帰木の説明のためのものである．一般には，整数の和のような再帰的な性質がない問題を再帰アルゴリズムを用いて解く必要はない．アルゴリズム 3.2 の時間計算量とアルゴリズム 3.3, 3.4 の時間計算量を比較するとわかるように，一般に，再帰を用いてもアルゴリズムの時間

計算量がよくなることはない．逆に，再帰アルゴリズムにすると時間計算量は悪くなることも多い．

しかし，再帰的な性質をもつ問題については，再帰という手法は非常に有効にはたらく．次節の例や，後述のマージソートやクイックソートといった重要な問題に対する再帰アルゴリズムの例を見ると，再帰的な関数として実現することによって，アルゴリズムの理解が容易になるだけでなく，記述も非常に簡単になることがわかるだろう．

3.2.4 再帰の例

本章の最後に，再帰アルゴリズムとして直感的に実現可能なホーナーの方法を紹介する．ホーナーの方法とは，以下の式で定義される x に関する n 次の多項式 $p(x)$ を効率よく計算する方法である．

$$p(x) = a_n x^n + a_{n-1} x^{n-1} + \cdots + a_1 x + a_0$$

この多項式は，以下のような再帰的でないアルゴリズムにより計算することが可能である．

アルゴリズム 3.5　多項式の計算を行うアルゴリズム

```
A = [5, -1, 2, 3]      # 多項式 3x^3 + 2x^2 - x + 5 の係数をリストで表す
x = 2                  # 入力xは2としておく

vp = A[0]
xp = 1
for i in range(1, len(A)):
    xp = xp * x
    vp = vp + A[i] * xp
print(vp)
```

出力

35

このアルゴリズム 3.5 では，n 回の繰り返しをもつ for 文が一つだけであるので，時間計算量は $O(n)$ であることが明らかである．

このアルゴリズム 3.5 よりもっと高速に多項式の値を求める方法はないだろうか．答えは Yes でもあり，No でもある．漸近的な時間計算量を考えると，多項式の計算では $n + 1$ 個の係数を使って値を計算するので，$O(n)$ より小さい時間計算量をもつアルゴリズムはこの世には存在しない．この意味では，前述の質問への答えは No である．しかし，実際の実行時間を考える場合は，前述のアルゴリズムよりも高速に実行できるアルゴリズムが存在するので，その意味では，答えは Yes であるともいえる．

より高速なアルゴリズムを考えるために，まず，前述のアルゴリズム 3.5 を詳細に見てみよう．このアルゴリズムは，for 文の中で 2 回の掛け算と 1 回の足し算を実行して

いる．for 文の繰り返し回数は n 回なので，アルゴリズム全体では $2n$ 回の掛け算と n 回の足し算を実行していることになる．

これに対して，n 回の掛け算と n 回の足し算で多項式の値を求めるアルゴリズムが，ホーナーの方法とよばれるアルゴリズムである．ホーナーの方法のアイデアは，上記の多項式 $p(x)$ が以下のように分解できるという性質に基づいている．

$$p(x) = (\cdots((a_n x + a_{n-1})x + a_{n-2})x + \cdots + a_1)x + a_0$$

たとえば，多項式として $3x^3 + 2x^2 - x + 5$ を考えよう．この多項式が $((3x+2)x-1)x+5$ と分解できることに着目すると，次の順番で計算することで多項式の値を求めることができる．

① $3x + 2$ を計算する．
② ①の結果に x を掛けて -1 を足す．
③ ②の結果に x を掛けて 5 を足す．

つまり，ホーナーの方法は，もっとも内側の括弧の中から順番に式を計算していくことにより多項式の値を求めるアルゴリズムである．したがって，ホーナーの方法は帰納的なアルゴリズムなので，以下のように再帰アルゴリズムとして容易に実現可能である．

アルゴリズム 3.6　ホーナーの方法を実行する再帰アルゴリズム

```
A = [5, -1, 2, 3]
x = 2

def horner_r(A, x):
    if len(A) == 1:
        return A[0]
    else:
        return horner_r(A[1:], x) * x + A[0]
        # A[1:]はリストAのA[1]から最後までを表す

vp = horner_r(A,x)
print(vp)
```

このアルゴリズム 3.6 の再帰木は省略するが，再帰の深さは n であり，再帰以外の部分には 1 回の掛け算と 1 回の足し算しか含まれていないので，アルゴリズム全体では n 回の掛け算と n 回の足し算が実行されることになる．よって，アルゴリズム 3.5 と比較すると，掛け算の実行回数が n 回分減少していることがわかるだろう．

●第3章のポイント●

1. 木は，データの集合を視覚的に表現し，データ間の順序や依存関係を表すことができるデータ構造である．代表的な木として，完全 2 分木がある．完全 2 分木の節点の数や

葉の数は高さの指数関数となっており，完全 2 分木の高さは節点の数や葉の数に対して対数関数となっている.

2. アルゴリズム中で木を実現するにはさまざまな方法がある. 完全 2 分木は配列を用いて表すことができる.

3. 関数の中でその関数自身を呼び出す関数の処理方法を再帰とよび，再帰的な関数を含むアルゴリズムのことを再帰アルゴリズムとよぶ. 再帰アルゴリズムの動作や時間計算量は，再帰木を用いて検証できる.

演習問題

3.1　以下の文章の①～④について，それぞれ正しい記号を下から選べ. 正しい記号が複数存在する場合はすべて列挙せよ.

　木とよばれるデータ構造は，（　①　）. とくに，完全 2 分木とよばれる木は，節点数が n の場合は，（　②　）である.
　再帰アルゴリズムは，（　③　）. また，再帰アルゴリズムの時間計算量は，（　④　）.

①：a. データ間の順序や依存関係を表すことができる
　　b. 各節点のレベルはその親のレベルよりも小さい
　　c. 根とよばれる特別な節点が存在する
　　d. 葉は必ず子をもたない

②：a. 高さが $O(\log n)$　　　　b. 葉の数が $O(\log n)$
　　c. n は 2 のべき乗の数　　　d. すべての葉は同じレベル

③：a. 再帰的にしか求められない場合に用いられる
　　b. 時間計算量を求められない
　　c. 関数として定義しなくてもよい
　　d. 関数内で再帰的な関数呼び出しを実行する

④：a. 再帰木を用いて求められる　　　b. 再帰木の高さに比例する
　　c. 再帰木の節点数に比例する　　　d. 再帰木の葉の数に比例する

3.2　すべての内部節点に三つの子をもち，かつ，すべての葉のレベルが同じ木を完全 3 分木とよぶ. 以下に，高さが 3 の完全 3 分木を示す.

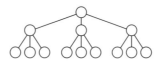

図 3.9　高さが 3 の完全 3 分木

(1)　完全 3 分木の高さが h のときの葉の数と節点の数を求めよ.

(2)　完全 3 分木の節点の数が n のときの木の高さを求めよ.

3.3　n が 2 のべき乗の数のとき，定数 a に対して $a^n = a^{n/2} \times a^{n/2}$ が成り立つ. この性質に

より，a^n を求める以下のような二つの再帰アルゴリズムが考えられる．

アルゴリズム 3.7　アルゴリズム A

```
def pow1(n):
    if n == 1:
        return a
    else:
        return pow1(n // 2) * pow1(n // 2)
```

アルゴリズム 3.8　アルゴリズム B

```
def pow2(n):
    if n == 1:
        return a
    else:
        p = pow2(n // 2)
        return p * p
```

アルゴリズム A，B の再帰木を描き，それぞれのアルゴリズムの時間計算量を求めよ．

3.4　フィボナッチ数とは，以下の式により定義される数列である．

$$F(0) = F(1) = 1$$
$$F(n) = F(n-1) + F(n-2) \qquad (n \geq 2 \text{ の場合})$$

(1)　このフィボナッチ数を求める再帰アルゴリズムを示せ．

(2)　(1) の再帰アルゴリズムの，$n = 5$ の場合の再帰木を描け．

(3)　(1) の再帰アルゴリズムの時間計算量を求めよ．

4 データの探索

◆keywords◆
探索，線形探索，2 分探索法，ハッシュ法，ハッシュ関数，2 分探索木

　日常でもコンピュータ上でも，多くのデータの中から目的のデータを見つけなければならないことはよくある．たとえば，日常では，英語の試験勉強をしているときに辞書でわからない単語の意味を調べたり，本棚に並んでいる本の中から読みたい本を探したりする．また，コンピュータ上では，見てみたい Web サイトを検索サイトを使って探したり，ショッピングサイトでほしい物を探そうと商品名で検索したりする．このような，多くのデータから目的のデータを見つけようとする行為を，探索とよぶ．探索を高速に実行するアルゴリズムは，実用的にも非常に重要である．本章では，探索を行ういくつかのアルゴリズムを説明するとともに，その時間計算量を比較し，それぞれの状況においてどの探索アルゴリズムを使うべきか考える．

4.1 探索の定義と簡単な探索アルゴリズム

4.1.1 探索の定義

　前述のように，探索とは「多くのデータの中から目的のデータを見つける」ことであるが，この定義はあまりに一般的なので，本章では以下のように定義する．

◆ **定義 4.1　探索** ─────────

　探索とは，入力として n 個のデータ $d_0, d_1, \ldots, d_{n-1}$ と値 x が与えられたときに，データ中から $x = d_i$ となる d_i を見つける操作である．

　また，入力によっては，探索する値 x がデータ中に含まれないこともあるが，その場合は，「データ中に存在しない」という出力を行うものとする．

　この定義と実際の探索の例の対応を考えてみよう．たとえば，図 4.1 のように辞書で目的の単語の意味を調べる場合は，以下のように対応している．

　　n 個のデータ $d_0, d_1, \ldots, d_{n-1}$：辞書に載っているすべての単語
　　探索する値 x：調べる単語

また，ショッピングサイトの場合は，以下のように対応している．

図 4.1　日常における探索

　n 個のデータ $d_0, d_1, \ldots, d_{n-1}$：ショッピングサイトに出品されているすべての商品名

　探索する値 x：欲しい物の商品名

実際の探索では，入力のデータ中から探索する値 x に等しいものを見つけたあとに，見つけたデータに付属する情報（単語の意味や，商品の説明内容など）が必要となるが，ここでは，この付属する情報については考えないものとする．

4.1.2　簡単な探索アルゴリズム

　それでは，探索を行うアルゴリズムについて考えていこう．探索アルゴリズムを考える場合は，入力データがどのように格納されているかを併せて考える必要がある．なぜなら，入力データの格納方法に応じて利用できるアルゴリズムは異なり，探索に必要な時間計算量も変わってくるからである．ここでは，まず一番簡単な例として，n 個の入力データ $d_0, d_1, \ldots, d_{n-1}$ がそれぞれ配列 D[0], D[1], ..., D[n-1] に格納されていると仮定し，その配列を先頭からチェックするという探索アルゴリズムを説明する．このアルゴリズムは，配列の先頭から順番に探索を実行するので，線形探索とよばれている．

アルゴリズム 4.1　線形探索
```
D = [17, 39, 1, 9, 5, 24, 2, 11, 23, 6, 13, 29, 28, 20, 15, 33]
n = len(D)
x = 23

i = 0
while i < n:
    if x == D[i]:
        break
    else:
        i = i + 1

if i == n:
    print(f'{x}はDの中に存在しない')
else:
    print(f'{x}はD[{i}]に存在')
```

出力
23 は D[8] に存在

　上記のアルゴリズム 4.1 の実行例を図 4.2 に示す．この例では，入力データはサイズ
が $n = 16$ の配列 D に格納されており，探索する値は，x = 23 である．この場合，配
列 D の左から順番に各データに対してチェックが行われ，D[8] = 23 という値を見つ
けたところで while 文を終了し，その値と場所を出力してアルゴリズムは終了する．

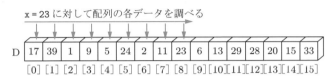

図 4.2　線形探索アルゴリズムによる探索例

　それでは，この線形探索アルゴリズムの時間計算量について考察してみよう．このア
ルゴリズムは，入力により時間計算量が変化することは明らかである．たとえば，もっ
とも高速にアルゴリズムを実行できるのは，探索する値が D[0] に入っている場合であ
る．このとき，アルゴリズムの時間計算量は $O(1)$ となる．逆に，実行にもっとも時間
がかかるのは，配列 D に探索する値が含まれていない場合である．このとき，while 文
が n 回実行されるため，アルゴリズムの時間計算量は $O(n)$ である．したがって，この
アルゴリズムの最良時間計算量と最悪時間計算量は，それぞれ $O(1)$ と $O(n)$ であるこ
とがわかる．ただし，ここでは証明を省略するが，この線形探索アルゴリズムの平均時
間計算量は $O(n)$ であり，データ数 n が大きい場合には実行に時間がかかることがわ
かっている．

● **Python コラム 6　（Python の機能を用いる線形探索）** ●

　Python では，リストにデータが含まれるか否かを判定する in 演算子と，データがリス
ト中で何番目に格納されているかを返す index メソッドを用いれば，以下のようにルー
プのないプログラムで線形探索を実現できる．

アルゴリズム 4.2　Python の機能を用いる線形探索
```
D = [17, 39, 1, 9, 5, 24, 2, 11, 23, 6, 13, 29, 28, 20, 15, 33]
x = 23

if x in D:
    i = D.index(x)
    print(f'{x}はD[{i}]に存在')
else:
    print(f'{x}はDの中に存在しない')
```

　ただし，この場合も，アルゴリズムの時間計算量は $O(n)$ となる．

2 分探索法

4.2.1　2 分探索法のアイデア

　前述の線形探索アルゴリズムは入力データを先頭から調べるアルゴリズムであり，入力がなんらかの順番に並んでいる場合には非常に効率が悪い．たとえば，英単語を英和辞書で調べる場合を考えよう．一般に，英和辞書に記載されている英単語はアルファベット順に並んでいるので，英単語を調べる場合は，前述の線形探索アルゴリズムを用いて先頭が a で始まる単語から順番に一つひとつ調べるようなことはしない．ではどのような方法で調べるかというと，たとえば search という単語を調べる場合は，以下のような手順で単語を探すのではないだろうか．

① 辞書の適当なページをめくり，そのページの単語の先頭が s で始まるかを調べる．

② ①によって，単語の先頭が s で始まる単語のページは，そのページより前にあるのか後ろにあるのかがわかるので，先頭が s で始まるページがあるほうを同じように探していく．

③ 先頭が s で始まる単語のページが見つかったら，先頭が s で始まる単語のページの中から 2 文字目が e になる単語のページを同じように探す．

④ ③の操作を search という単語のすべての文字について繰り返し，掲載されているページを見つける．

　この辞書を引く場合の考え方を利用したのが，2 分探索法とよばれる探索アルゴリズムである．このアルゴリズムを適用する場合は，まず，入力がなんらかの順番に並んでいる必要がある．たとえば，入力 $d_0, d_1, \ldots, d_{n-1}$ がすべて整数であり，昇順に配列 D[0], D[1], ..., D[n-1] に格納されていると仮定しよう．

　2 分探索法のアイデアは，以下のとおりである．2 分探索法では，はじめに探索する値 x を入力データの中央のデータと比較する．ここで中央のデータとは，探索する配列の範囲が D[i], D[i+1], ..., D[j] であるとき，その配列の真ん中にある D[⌊(i+j)/2⌋] というデータのことである（⌊...⌋ という記号は，小数点以下切り捨てを意味する記号であることを思い出してほしい）．

　この比較から何がわかるだろうか．比較結果により場合分けして考える．

中央のデータと x が等しい場合：そのデータを出力して探索を終了することができる．

中央のデータが x より小さい場合：x は中央のデータより右側（配列の後半部分）にしか存在する可能性はないので，探索範囲を D[⌊(i+j)/2⌋+1] から D[j] までに限定できる．

中央のデータが x より大きい場合：x は中央のデータより左側（配列の前半部分）

にしか存在する可能性はないので，探索範囲を D[i] から D[⌊(i+j)/2⌋-1] まで
に限定できる．

このアイデアに対して理解を深めるため，例を用いて説明する．図 4.3(a) は入力サイ
ズ $n = 16$ の入力を格納する配列であり，この中央のデータは D[⌊15/2⌋] = D[7] であ
る．このとき，探索する値を x = 23 とすると，D[7] < x であり，x は配列の D[0]〜
D[7] には存在しないことがわかる．これにより，図 (b) のように，探索範囲を D[8]〜
D[15] に限定できる．

さらに，2分探索法では，探索する値に等しいデータが見つかるまで，限定された探
索範囲に対して繰り返し同様の操作を行う．たとえば，図 4.3(b) において，探索範囲の
中央のデータは D[⌊(8+15)/2⌋] = D[11] であり，D[11] > x であるので，図 (c) の
ように，探索範囲を D[8]〜D[10] に限定できる．この探索を図 (c), (d) のように繰り
返していくと，探索する値である 23 は D[10] と等しいことがわかり，D[10] を出力し
てアルゴリズム終了となる．

4.2.2 2分探索法の実現

上記のアイデアに基づいた2分探索法のアルゴリズムを以下にまとめよう．アルゴリ

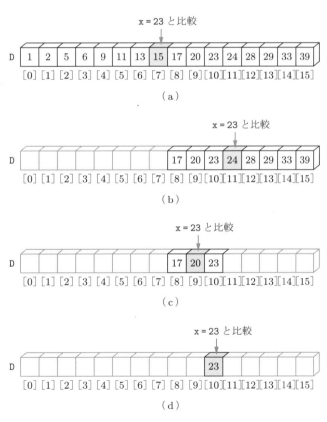

図 4.3 2分探索法の例

ズム 4.3 では，探索範囲の左端と右端をそれぞれ `left`，`right` という変数で表し，中央のデータの場所を `mid` という変数で表している．また，while 文で 2 分探索法の繰り返しを表し，探索する値と等しいデータが見つかったとき，もしくは，探索範囲のサイズが 1 になったとき（つまり，`left` と `right` が等しくなったとき）に繰り返しを終了するようにしている．

アルゴリズム 4.3　2 分探索法

```python
D = [1, 2, 5, 6, 9, 11, 13, 15, 17, 20, 23, 24, 28, 29, 33, 39]
n = len(D)
x = 23


left = 0
right = n - 1
mid = (left + right) // 2     # 切り捨て除算演算子'//'を使ってmidを計算
while left < right:
    if D[mid] == x:
        break
    elif D[mid] < x:
        left = mid + 1
    else:
        right = mid - 1
    mid = (left + right) // 2

if D[mid] == x:
    print(f'{x}はD[{mid}]に存在')
else:
    print(f'{x}はDの中に存在しない')
```

それでは，アルゴリズム 4.3 の時間計算量について考えてみよう．まず，最良時間計算量を考えると，アルゴリズムの実行がもっとも早く終了するのは，配列の中央のデータが探索する値と等しい場合である．この場合，while 文は 1 回しか実行されないので，アルゴリズムの最良時間計算量は $O(1)$ である．

次に，最悪時間計算量を考える．アルゴリズム 4.3 の while 文の中の処理を 1 回実行すると，`left` から `right` までであった探索範囲は，`mid+1` から `right` まで，もしくは，`left` から `mid-1` までとなる．いずれの場合にも，アルゴリズムの探索範囲のサイズは，半分以下となる．最初の探索範囲のサイズは n なので，while 文を k 回実行すると，探索範囲は $(1/2)^k n$ 以下になる．この while 文の繰り返し継続条件は `left < right` であるので，探索範囲が 1 になれば，while 文の繰り返しは終了する．したがって，while 文が終了する繰り返し回数の条件は，

$$\left(\frac{1}{2}\right)^k n \leq 1$$

であり，この式を k について解くと，以下のようになる．

$$\left(\frac{1}{2}\right)^k n \le 1$$
$$2^k \ge n$$
$$k \ge \log_2 n$$

したがって，while 文の繰り返し回数 k が $\log_2 n$ 以上になるとアルゴリズムが終了するので，2 分探索法によるアルゴリズム 4.3 の最悪時間計算量は $O(\log n)$ であることがわかる．

また，詳細は省略するが，2 分探索法の平均時間計算量も $O(\log n)$ であることが証明されている．したがって，入力がなんらかの順番に並んでいるという条件さえ満たされていれば，2 分探索法は線形探索アルゴリズムと比べて非常に高速に動作するアルゴリズムであるといえる．

Python コラム 7 （Python における 2 分探索法）

Python の標準ライブラリである bisect の中の bisect_left 関数を用いて，2 分探索法を用いた探索を以下のように簡単に実現できる．なお，bisect_left 関数は，リストと与えられたデータに対して，2 分探索法を用いてデータが挿入可能な位置を返す関数であり，すでにデータがリスト中に存在する場合は，挿入位置はリスト中のデータが存在する位置となる．なお，挿入位置が最後になる（挿入するデータが一番大きい）場合について，リストの範囲外にアクセスしないように注意が必要である．

アルゴリズム 4.4　Python の bisect を用いる 2 分探索

```python
from bisect import bisect_left

i = bisect_left(D, x)
if i != len(D) and D[i] == x:      # リストの範囲外にアクセスしないため
    print(f'{x}はD[{i}]に存在')       # 条件式"i != len(D)"を先に配置
else:
    print(f'{x}はDの中に存在しない')
```

4.3　ハッシュ法

4.3.1　ハッシュ法のアイデア

本章の最初で述べた線形探索では，データの配列への格納はどのような順番でもよかったが，次に述べた 2 分探索法では，データをなんらかの順番で並べて格納する必要があった．このことからもわかるように，データの格納方法について工夫すればするほど，格納されたデータに対する探索に必要な時間は小さくなる．本節で紹介するハッシュ法とよばれる方法は，データの格納方法に工夫をこらし，任意のサイズの配列に対して平均的に $O(1)$ 時間で探索を実行できるようにした探索アルゴリズムである．この時間計算量からわかるように，ハッシュ法による探索は非常に高速なので，多くのプロ

グラムで探索アルゴリズムとして用いられている.

　このハッシュ法の概念を理解するために,日常で用いられているハッシュ法のアイデアを挙げてみよう.例として,宅配便の配達員がマンションに荷物を持って来た場合を考える.このとき,配達先の住所が「○○市△△町××マンション 403 号室」となっていたとする.もしあなたが配達員なら,図 4.4 のように「部屋番号が 403 号室だから 4 階だな」と考え,エレベーターに乗って 4 階に荷物を運ぶのではないだろうか.なぜ 403 という部屋番号から部屋が 4 階にあるのがわかるかというと,ほとんどのマンションの部屋番号は,「左端の数字が部屋の階数を表す」という規則に沿っているからである.この規則があるおかげで,マンションの 1 階から最上階まですべての階を巡ることなく,目的の部屋がある階にすぐにたどり着けるわけである.

図 4.4　日常におけるハッシュ法のアイデア

　この例におけるどの部分がハッシュ法のアイデアなのかというと,「データを格納するおおまかな場所を,そのデータのもつ情報から決定する」という点である.上記の宅配便の例だと,「左端の数字が部屋の階数を表す」という規則から,「部屋番号の左端の数字が x の場合は,荷物は x 階に運ぶ」というように,おおまかな配達場所を簡単に決めることができる.

4.3.2　ハッシュ関数によるデータの格納

　ハッシュ法の内容を具体的に見ていこう.ハッシュ法では,データ x を格納するおおまかな場所を決める規則として,ハッシュ関数というものを使う.このハッシュ関数は,データ x を引数とする関数として,$hash(x)$ と表されるものとする.次に,データを格納するための場所として,配列 H を準備する.いままでの探索アルゴリズムとは異なり,ハッシュ法で用いる配列のサイズは,格納するデータのサイズの 1.5～2 倍程度とするのが一般的である(この理由は後述する).ここでは,格納するデータのサイズを n として,配列 H のサイズはデータサイズの 1.5 倍の $1.5n$ であるとしておこう.

　ハッシュ法において,データ x を配列 H に格納する方法は以下のとおりである.まず,格納を行うデータ x に対して,ハッシュ関数を用いて k $= hash($x$)$ の計算を行う.

このとき，k は配列 H においてデータ x の格納を最初に試みる場所 H[k] を表す添字である．次に，H[k] にデータがすでに格納されているかどうかのチェックを行う．H[k] にデータが格納されていなければ，H[k] = x としてデータ x の格納を行い，データが格納されていれば，次の格納場所 H[k+1] のチェックを行う．このチェックをデータが格納されていない場所が見つかるまで繰り返し，その場所が見つかったときにデータを格納する．ただし，配列 H のサイズには限界があるので，配列の最後の格納場所である H[1.5n-1] でもデータが格納できなかった場合は，配列の先頭の H[0] に戻って格納場所のチェックを行う．

ハッシュ法を用いてデータを格納する例として，図 4.5 の例を考える．この例は，データの集合 $\{17, 39, 1, 9, 5, 24, 2, 11, 23, 6, 13, 29, 28, 20, 15, 33\}$ を，この順番でハッシュ関数を用いて配列 H に格納する様子を表している．データ集合のサイズは $n = 16$ なので，格納場所である配列 H のサイズは，$1.5n = 24$ としている．

まず，ハッシュ関数を，

$$hash(\text{x}) = (\text{x を 24 で割った余り})$$

と定義する．このハッシュ関数により，入力のデータを 24 個の格納場所に比較的均等に格納できると考えられる．

データの格納は，このハッシュ関数を用いて以下のように行われる．図 4.5 (a) は，要素がまったく格納されていない配列 H に対して，最初のデータ 17 が格納される様子を表している．この 17 の格納場所 H[17] は，ハッシュ関数 $hash(17) = 17$ により求められており，H[17] はデータが格納されていないので，この場所に 17 が格納される．そのあとのデータ $39, 1, 9, 5, 24, 2, 11, 23, 6, 13$ についても，ハッシュ関数により計算した場所にデータが格納されていないので，そのままデータの格納が行われる．

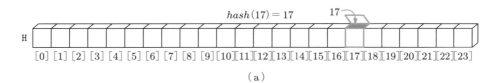

（a）

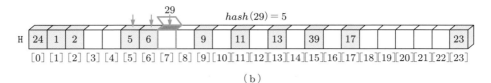

（b）

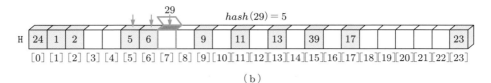

（c）

図 4.5　ハッシュ法によるデータ格納の例

　　次に，データ 29 が格納される様子を表す図 (b) を見てみよう．この場合，ハッシュ関数の値は $hash(29) = 5$ なので，最初は H[5] への格納が試みられる．しかし，H[5] にはすでにデータが格納されているので，H[6] への格納が試みられるが，ここにもすでにデータが格納されており，H[7] への格納が試みられる．ここで，H[7] にはデータが格納されていないので，29 の格納場所は H[7] となる．このような格納操作を繰り返してすべてのデータを格納したあとに得られる配列 H は，図 (c) のようになる．

　　このハッシュ関数を用いて配列へデータを格納するアルゴリズムをまとめると，以下のようになる．ただし，配列 H に格納するデータ $d_0, d_1, \ldots, d_{n-1}$ は，それぞれ配列 D[0], D[1], \ldots, D[n-1] に格納されているものとする．なお，Python には組み込み関数として hash という名前の関数がすでに存在するので，ハッシュ関数の名前は hash_f としている．

アルゴリズム 4.5　ハッシュ法によるデータの格納

```
D = [17, 39, 1, 9, 5, 24, 2, 11, 23, 6, 13, 29, 28, 20, 15, 33]
n = len(D)
m = 24
H = [None for _ in range(m)]      # ハッシュ用配列の初期化

def hash_f(x):
    return x % m      # '%'は剰余を求める演算子

for i in range(n):
    k = hash_f(D[i])
    while H[k] is not None:
        k = (k + 1) % m
    H[k] = D[i]

print(H)
```

出力
```
[24, 1, 2, None, 28, 5, 6, 29, None, 9, 33, 11, None, 13, None, 39, 15, 17,
None, None, 20, None, None, 23]
```

　　なお，アルゴリズム 4.5 の while 文中で，格納場所の再計算の操作において

```
k = (k + 1) % m
```

としているのは，配列の最後の格納場所でもデータが格納できない場合に，配列の先頭に戻って格納場所を探すための処置である．

4.3.3　ハッシュ法による探索の実現

　　さて，本題のデータの探索の話をしよう．上記のアルゴリズム 4.5 によりデータが格納された配列に対してデータの探索を行う場合は，格納の場合と同様に，ハッシュ関数

を用いて格納場所の探索を行えばよい．探索された格納場所に目的のデータが存在すれば，そのデータを出力する．探索された格納場所にデータが格納されていなければ，目的のデータはこの配列に存在しないことになる．

図 4.6 に，図 4.5 で作成した配列 H に対して，15 と 4 を探索する場合の例を示す．図 (a) は，図 4.5(c) の配列に対して 15 を探索する場合を表している．この場合，ハッシュ関数の値は $hash(15) = 15$ なので，最初は H[15] に対して探索が行われる．しかし，H[15] には 15 ではないデータが格納されているので，H[16] への探索が行われる．このとき，H[16] = 15 なので，H[16] を出力し，探索アルゴリズムは終了する．

次に，図 4.5(c) の配列に対して 4 を探索する場合を図 4.6(b) に示す．この場合，ハッシュ関数の値は $hash(4) = 4$ なので，最初は H[4] に対して探索が行われる．しかし，H[4] には 4 ではないデータが格納されており，同じように H[5]，H[6]，H[7] にも 4 ではないデータが格納されているので，H[8] への探索が行われる．H[8] にはデータが格納されていないので，4 というデータはこの配列中に格納されていないことがわかり，探索アルゴリズムは終了となる．

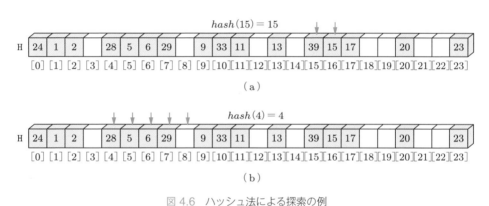

図 4.6　ハッシュ法による探索の例

上記のアイデアによるハッシュ法を用いた探索アルゴリズムを以下にまとめる．

アルゴリズム 4.6　ハッシュ法による探索

```
x = 15

k = hash_f(x)
while H[k] is not None:
    if H[k] == x:
        break
    else:
        k = (k + 1) % m
if H[k] == x:
    print(f'{x}はH[{k}]に存在')
else:
    print(f'{x}はHの中に存在しない')
```

出力
15 は H[16] に存在

それでは，ハッシュ法による探索アルゴリズムの時間計算量について考えよう．この
ハッシュ法によるアルゴリズムの時間計算量は，入力データに対してどのようなハッ
シュ関数を用いるかにより大きく異なってくることが容易に想像できるであろう．たと
えば，配列に格納されるデータが 0 から $n-1$ までの異なる整数であり，それに対し
て $hash(\mathrm{x}) = \mathrm{x}$ という単純なハッシュ関数を用いる場合を考えよう．この場合，n 個の
入力データに対してハッシュ関数の値がすべて異なるので，どの探索値に対しても探索
の時間計算量は $O(1)$ となる．逆に，n 個の入力データに対してハッシュ関数の値がす
べて等しくなってしまう場合は，ハッシュ関数の値による格納場所の分散ができないの
で，探索に必要な最悪時間計算量は $O(n)$ となる．

このように，ハッシュ法による探索の時間計算量はハッシュ関数に依存するのだが，
一般には，ハッシュ法による探索の実行速度は非常に高速であり，データのサイズに依
存しないとされている．その理由は，ハッシュ法による探索の平均的な時間計算量に関
して，以下の性質が証明されているからである．

◆ **性質 4.1**

n 個のデータが，サイズが m の配列の一様ランダムな場所にハッシュ関数を用いて
格納されているとする．このとき，ハッシュ法を用いた探索アルゴリズムの平均時間計
算量は $O(m/(m-n))$ である．

この性質から，ハッシュ法で用いる配列のサイズが大きければ大きいほど，ハッシュ
法の時間計算量は小さくなることがわかるだろう．たとえば，前述の例にあったように
配列のサイズ m を $1.5n$ とすると，上記の性質より，ハッシュ法を用いた探索アルゴリ
ズムの最悪時間計算量は以下のようになる．

$$O\left(\frac{m}{m-n}\right) = O\left(\frac{1.5n}{1.5n-n}\right)$$
$$= O(1)$$

つまり，ハッシュ法では，時間計算量は入力データのサイズに依存せず，定数時間で探
索を実行できることがわかる．

なお，ハッシュ法にはさまざまな種類がある．ここで述べた配列を用いる方法は，内
部ハッシュ法とよばれるものである．これ以外にも，連結リストを用いて実装を行う外
部ハッシュ法とよばれるものや，入力データのサイズに合わせてハッシュ関数を変更す
る動的ハッシュ法とよばれるものもある．詳しくは，巻末の参考文献で紹介する書籍を
参照してほしい．

● **Python コラム 8　（Python の辞書）** ●

　Python には辞書 (dict) というデータ構造が存在する．このデータ構造では，ここで述べたハッシュ法の考え方を用いたデータの保存が行われている．辞書の各データは，

　　キー：値

という組により表される．以下に，三つのデータをもつ辞書の例を示す．

アルゴリズム 4.7　Python の辞書の例
```
d = {'apple': 'りんご', 'lemon': 'レモン', 'strawberry': 'いちご'}

print(d['lemon'])
```

出力
レモン

　この辞書では，キーを与えると値が出力される．データを保存するときには，与えたキーはハッシュ関数により数値に変更され，その数値から格納場所が定められる．これにより，リストのように連続した数値を必要とすることなく，任意のオブジェクトを添字として値を格納できる配列（連想配列とよぶ）を実現することが可能となっている．

4.4　2 分探索木

　前節で紹介したハッシュ法には，大きめの配列を用いればほぼ一定の時間で探索を実行できるという優れた長所があるが，ハッシュ関数の作り方に工夫が必要であり，また，入力よりも大きな配列を準備する必要があるという短所もある．本章の最後では，ハッシュ法とは異なる特徴をもつ探索手法として，3.1 節で紹介した 2 分木を用いる，2 分探索木というデータ構造を紹介する．この 2 分探索木は，その名前からわかるとおり，4.2 節で紹介した 2 分探索法のアイデアに基づいて 2 分木にデータを格納する手法で，n 個のデータに対して理想的には $O(\log n)$ 時間で探索を実行可能である．また，2 分探索木は，n 個のデータに対して $O(n)$ の記憶領域しか必要とせず，データの追加や削除を動的に実行可能であるという長所をもつ．

　以下では，まず，2 分木を表現するためのデータ構造を紹介する．次に，2 分探索木の定義と構成方法を説明するとともに，2 分探索木の探索方法について述べる．

4.4.1　2 分木のデータ構造

　本書の 3.1.3 項では，配列を用いて完全 2 分木を表現する方法を紹介したが，同じ方法で一般的な 2 分木を配列を用いて表すと，不必要な記憶領域が多くなってしまう可能性がある．そこで，ここでは，2.2 節で紹介した連結リストの考え方を発展させることで 2 分木を表すデータ構造を説明する．

　例として，図 4.7 のような 2 分木を考える．3.1 節で説明したとおり，2 分木は，根とよばれる起点となる節点から下方向に向かって，親子関係により定義される．2 分木の場合は，各節点は高々 2 個の子しかもたないので，各節点について，2 個の子を指すポインタを定義してやればよいことになる．

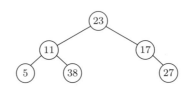

図 4.7　2 分木の例

　これらをふまえて，2 分木を Python で表現するデータ構造を説明していく．このデータ構造では，節点を Python のクラスを用いて定義し，親子関係をポインタで定義することで 2 分木を構成する．2 分木を表すデータ構造の具体例を以下に示す．

アルゴリズム 4.8　2 分木の構成

```
D = [23, 11, 17, 5, 38, 27]

class bt_node:      # 2分木の節点の定義
    def __init__(self, data):
        self.data = data      # 節点に格納されるデータ
        self.left = None      # 左の子へのポインタ
        self.right = None     # 右の子へのポインタ

def print_binarytree(nodes):      # 2分木の節点の接続関係を表示する関数
    for node in nodes:
        left_node = node.left.data if node.left is not None else 'なし'
        right_node = node.right.data if node.right is not None else 'なし'
        print(f'節点の値:{node.data}，左の子:{left_node}，右の子:{right_node}')

N = [bt_node(d) for d in D]      # 節点を表すリストをリスト内包表記で作成

N[0].left = N[1]      # 木の親子関係を定義
N[0].right = N[2]
N[1].left = N[3]
N[1].right = N[4]
N[2].right = N[5]

print_binarytree(N)      # 2分木の節点の接続関係を表示
```

出力
節点の値:23，左の子:11，右の子:17
節点の値:11，左の子:5，右の子:38
節点の値:17，左の子:なし，右の子:27
節点の値:5，左の子:なし，右の子:なし

節点の値:38, 左の子:なし, 右の子:なし
節点の値:27, 左の子:なし, 右の子:なし

　アルゴリズム 4.8 では, 節点を表すクラスとして bt_node を定義している. このクラスでは, data が節点に格納されるデータを表しており, 左の子, 右の子を表すポインタとして left と right が定義されている. なお, 子の節点が存在しない場合は, それらの値は None となる. また, 関数 print_binarytree は, リストに格納された各節点について, 接続関係を表示する関数となっている. 具体的には, 各節点について, その節点が格納する値と, 左の子と右の子が格納する値をそれぞれ出力している.

　このとき, リスト D で与えられたデータに対して一つずつ節点を生成し, 次に, 木の親子関係をアルゴリズム 4.8 の中で示すとおりに定義すると, アルゴリズム 4.8 の出力から, 図 4.7 の 2 分木を表すデータ構造が図 4.8 のように得られていることがわかるだろう.

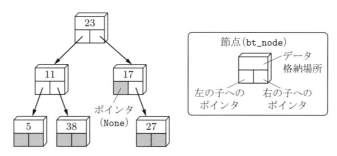

図 4.8　2 分木を表すデータ構造

4.4.2　2 分探索木の定義と構成

　先ほど図 4.7 で示した 2 分木は, とくにデータ格納順について工夫をしていないため, この 2 分木に対して探索を行うためには, すべての節点のデータを調べる必要がある. ここでは, 2 分探索木という, 2 分木に格納されているデータを 2 分探索法のアイデアに基づいて効率よく探索するためのデータ構造を紹介する. まず, 2 分探索木の定義を以下に示す.

◆ **定義 4.2　2 分探索木** ─────────────────────

以下の性質が成り立つ 2 分木を 2 分探索木とよぶ.

　性質：各節点に保存されるデータは, その節点の左部分木のすべての節点のデータより大きく, その節点の右部分木のすべての節点のデータより小さい.

────────────────────────────────────

　例を用いて説明すると, 図 4.7 の 2 分木は 2 分探索木ではない. なぜならば, 23 という値をもつ根の左部分木の中に 38 という 23 より大きい値をもつ節点が存在し, また,

右部分木の中に 17 という 23 より小さい値をもつ節点があるからである．一方，図 4.9 に示す 2 分木は，図 4.7 の 2 分木と同じデータを格納する 2 分探索木である．どの節点についても，2 分探索木の条件が満たされていることがわかるだろう．

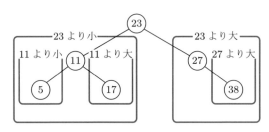

図 4.9　2 分探索木

なお，一般に 2 分探索木には，その性質上，同じ値のデータは登録されないので，注意してほしい．

それでは，この 2 分探索木をどのように構成するかを説明していこう．まず，T を n 個のデータを格納する 2 分探索木として，この 2 分探索木 T にデータ x を追加する場合を考える．このとき，定義 4.2 の性質より，以下の手順によりデータを追加して得られる，$n+1$ 個の節点をもつ木 T は 2 分探索木である．

① x と根のデータを比較し，その比較結果により，以下のように節点を移動する．

- x が根のデータより小さい場合：左の子があるなら左の子に移動する．左の子がないなら x を左の子として追加し，手順を終了する．
- x が根のデータより大きい場合：右の子があるなら右の子に移動する．右の子がないなら x を右の子として追加し，手順を終了する．

② 移動先の節点を根として，①の操作を繰り返す．

図 4.10 は，図 4.9 の 2 分探索木に対して 21 というデータを追加する様子を表している．最初は，上記の①に従って，追加する 21 と根の値 23 を比較する．21 のほうが小さいので，左の子に移動する．次に，追加する 21 と移動先の節点の値の 11 を比較し，21 のほうが大きいので，右の子に移動する．最後に，追加する 21 と移動先の節点の値 17 を比較する．21 のほうが大きいが，この節点には右の子は存在しないので，この節点の右の子として節点を追加し，21 を格納する．

これらの手順に基づき 2 分探索木を構成するアルゴリズムを以下に示す．関数 bst_add が 2 分探索木に対してデータを追加する関数である．この関数をすべてのデータに対して繰り返し適用することにより，2 分探索木を構成している．なお，節点集合はリストではなく，集合（set 型）を用いて定義しているが，これについては，Python コラムとして後述する．また，節点を表すクラス bt_node と木を表示する関数 print_binarytree は，アルゴリズム 4.8 で定義したものである．

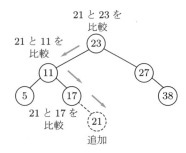

図 4.10　2分探索木への節点の追加

アルゴリズム 4.9　2分探索木の構成

```
D = [23, 27, 11, 5, 38, 17, 21]
N = set()     # 2分木の節点を表す集合（set型）


def bst_add(node, x):         # 2分探索木にデータxを追加する関数
    if node.data is None:     # 根のデータを追加する場合の処理
        node.data = x
        N.add(node)           # 節点集合を表す集合Nに追加
        return

    while node is not None:   # 根以外のデータを追加する場合の処理
        if x < node.data:     # 追加データが節点データより小さい場合
            if node.left is not None:     # 左の子があるなら左の子に移動
                node = node.left
            else:
                node.left = bt_node(x)    # 左の子がないなら左の子として作成
                N.add(node.left)          # 節点集合を表す集合Nに追加
                return
        elif x > node.data:   # 追加データが節点データより大きい場合
            if node.right is not None:    # 右の子があるなら右の子に移動
                node = node.right
            else:
                node.right = bt_node(x)   # 右の子がないなら右の子として作成
                N.add(node.right)         # 節点集合を表す集合Nに追加
                return

root = bt_node(None)     # 根を表す空の節点を作成
for d in D:              # 各データを関数bst_addを使って2分探索木に追加
    bst_add(root, d)

print_binarytree(N)      # 2分木の節点の接続関係を表示
```

出力

```
節点の値:23，左の子:11，右の子:27
節点の値:27，左の子:なし，右の子:38
節点の値:21，左の子:なし，右の子:なし
節点の値:38，左の子:なし，右の子:なし
```

```
節点の値:17，左の子:なし，右の子:21
節点の値:11，左の子:5，右の子:17
節点の値:5，左の子:なし，右の子:なし
```

　このアルゴリズム 4.9 では，まず最初に根を表す空の節点を作成し，最初に関数 bst_add がよばれた場合に，その根に値を格納するようになっている．また，それ以降の場合は，先ほどの手順に従ってデータを格納する場所を探して，データの格納を行っている．アルゴリズム 4.9 の出力より，今回のデータの追加順では，図 4.10 の 2 分探索木が得られていることがわかるだろう．

●─ Python コラム 9　（Python の集合（set 型））─●

　アルゴリズム 4.8 では，節点の親子関係を一つひとつ設定するためにリストを用いて節点集合を表していたが，Python で節点集合を表すならば，要素の追加と削除が定数時間で実行可能な集合（set 型）を用いるのが適切である．

　アルゴリズム 4.9 では，この集合を用いて節点集合を表している．基本的に集合はリストと同様に複数のデータを格納するための型なのだが，

- データは重複して追加できない
- データに順番がなく，リストのようなインデックス参照ができない
- データの追加や削除が定数時間で可能

といった，リストとは異なる特徴をもっている．集合の詳しい説明は Python の参考文献をあたってみてほしい．

　アルゴリズムで用いられている集合関連の演算の例を以下に示す．出力された集合に 18 が一つしか含まれていないことに注意してほしい．

アルゴリズム 4.10　Python の集合の例

```
S = set()        # 空の集合Sを生成

S.add(23)        # 23を追加
S.add(18)        # 18を追加
S.add(32)        # 32を追加
S.remove(23)     # 23を削除
S.add(18)        # 18を追加

print(S)         # 集合を表示
```

出力
```
{32, 18}
```

4.4.3　2 分探索木の探索

　それでは，2 分探索木に対してデータの探索を行う方法を説明しよう．2 分探索木に対するデータ x の探索は，前述のアルゴリズム 4.9 におけるデータの追加とほぼ同じ手

順であり，根から下に向かって以下の手順を実行すればよい．

① x と根のデータを比較し，その比較結果により以下を実行する．

- x と等しい場合：等しいデータが見つかったことを出力し，アルゴリズムを終了する．
- x が小さい場合：左の子に移動する．
- x が大きい場合：右の子に移動する．

② 移動先に節点が存在する間は，①の操作を繰り返す．移動先に節点が存在しない場合は，2分探索木に探索データが存在しないことを出力する．

　以下に，この手順による，2分探索木に対する探索アルゴリズムを示す．関数 bst_search が探索を実行する関数である．対象の2分探索木は，アルゴリズム4.9 により作成された，根を root で指定する2分探索木とする．

アルゴリズム 4.11　2分探索木の探索

```python
def bst_search(node, x):          # 2分探索木に対してデータxを探索する関数
    while node is not None:
        if x == node.data:
            print(f'{x}は2分探索木に存在')
            return
        elif x < node.data:       # 追加データが節点データより小さい場合は
            node = node.left      # 左の子に移動
        else:                     # 追加データが節点データより大きい場合は
            node = node.right     # 右の子に移動
    print(f'{x}は2分探索木の中に存在しない')

bst_search(root,21)    # 21を探索
bst_search(root,22)    # 22を探索
```

出力
21は2分探索木に存在
22は2分探索木の中に存在しない

4.4.4　2分探索木の計算量

　それでは最後に，2分探索木に対する探索の時間計算量について考えてみよう．2分探索木に対する探索は，根から開始され，下方向に向かって比較を繰り返しながら実行される．したがって，探索する値が根に存在する場合の時間計算量は $O(1)$ であるが，ここでは，探索する値が2分探索木に存在しない場合の時間計算量を考える．この場合，時間計算量が2分探索木の高さに比例することは明らかであろう．

　ここで，2分探索木の高さについて，例を用いて考える．たとえば，$23, 27, 11, 5, 38, 17$

という値の集合がこの順番で 2 分探索木に追加された場合は，図 4.9 に示すような，高さが 3 の 2 分探索木になる．一方，この値の集合が昇順に追加された場合は，図 4.11 に示すような，一方向に長く伸びた，高さが 6 の 2 分探索木となる．したがって，同じ入力集合に対しても，2 分探索木の構成順序が異なれば，得られる 2 分探索木の高さは大きく異なることがわかる．

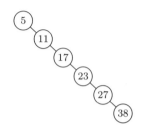

図 4.11　一方向に伸びた 2 分探索木

　これを一般化して考えると，n 個の値の集合を格納する 2 分探索木の高さを h とすると，2 分探索木が完全 2 分木に近い形のときに，h はもっとも小さくなり，$h = O(\log n)$ となる．一方，図 4.11 のように一方向に伸びた 2 分探索木の場合に，h はもっとも大きくなり，$h = O(n)$ となる．よって，2 分探索木に対する探索において，データが見つからない場合の最悪時間計算量は $O(n)$ であり，最良時間計算量は $O(\log n)$ である．

　したがって，2 分探索木における探索の時間計算量を抑えるためには，2 分探索木の高さを $O(\log n)$ にすることが必要である．これを実現するために，さまざまなデータ構造が提案されている．高さが $O(\log n)$ になるように工夫された探索木は，平衡探索木とよばれる．2 分木の平衡探索木として ALV 木や赤黒木，また，2 分木ではない平衡探索木として 2–3 木や B 木などが知られており，これらの平衡探索木は，実際のシステムでも広く利用されている．

　また，2 分探索木は重要なデータ構造なので，2 分探索木からのデータの削除や，2 分探索木に含まれるデータの列挙（走査）などの操作を行うアルゴリズムも広く知られている．本書ではこれらの操作については説明を省略したが，興味のある人は参考文献をあたってみてほしい．

●第 4 章のポイント ●

1. 「多くのデータの中から目的のデータを見つける」という操作を探索とよぶ．サイズが n のデータに対する線形探索アルゴリズムの時間計算量は $O(n)$ である．

2. 探索の対象となるデータを半分ずつに限定する探索アルゴリズムは 2 分探索法とよばれ，サイズが n のデータに対して $O(\log n)$ 時間で探索を実行できる．ただし，2 分探索法を実行するためには，探索の対象となるデータは，なんらかの順番で並べて配列に格納されている必要がある．

3. ハッシュ法は，ハッシュ関数の出力によりデータの格納場所を決定する探索アルゴリズ

ムである．ハッシュ法では，十分大きな格納場所を用いれば，データのサイズに依存せず，$O(1)$ 時間で探索を実行できる．

4. 2分探索法のアイデアをもとにデータの探索を行うことができるようにした2分木を2分探索木とよぶ．サイズが n のデータを格納した2分探索木に対する探索は，2分探索木の高さにより時間計算量が異なり，データが見つからない場合，最悪時間計算量が $O(n)$，最良時間計算量が $O(\log n)$ となる．

演習問題

4.1　以下の文章の①〜⑧について，それぞれ正しい記号を下から選べ．正しい記号が複数存在する場合はすべて列挙せよ．ただし，①と⑥については，もっとも適切なものを一つだけ選ぶこと．

サイズが n のデータに対する線形探索の時間計算量は（　①　）であり，2分探索法の時間計算量は（　②　）．ただし，2分探索法では，入力は（　③　）必要がある．

ハッシュ法は（　④　）探索アルゴリズムであり，（　⑤　）．また，サイズが n の入力に対するハッシュ法による探索に必要な時間計算量は，入力の準備に必要な時間を除くと，ほぼ（　⑥　）である．

n 個のデータを格納した2分探索木は（　⑦　）である．その2分探索木に対する探索では，データが見つからない場合については，（　⑧　）である．

①：a. $O(n^2)$　　　b. $O(n)$　　　c. $O(\log n)$　　　d. $O(1)$

②：a. 線形探索より大きい　　　b. 線形探索より小さい

　　c. $O(\log n)$ である　　　d. $O(1)$ である

③：a. ランダムな順番で連結リストに格納されている

　　b. なんらかの順番で並べて連結リストに格納されている

　　c. ランダムな順番で配列に格納されている

　　d. なんらかの順番で並べて配列に格納されている

④：a. 入力を繰り返し二つに分割する

　　b. ハッシュ関数の出力によりデータの格納場所を決定する

　　c. 入力を先頭から順番に調べる

　　d. 入力をランダムに調べる

⑤：a. 一般に定数時間で探索が可能である

　　b. データの格納場所が小さいほうが効率がよい

　　c. ハッシュ関数の計算は $O(1)$ 時間でできることが望ましい

　　d. ハッシュ関数はどのようなものでもよい

⑥：a. $O(n^2)$　　　b. $O(n)$　　　c. $O(\log n)$　　　d. $O(1)$

⑦：a. 根に格納されているデータがもっとも大きい2分木

　　b. 必ず完全2分木の形になる2分木

　　c. 2分探索法のアイデアをもとに探索可能な2分木

　　d. $O(n)$ の記憶領域しか必要としないデータ構造

⑧：a. 最良時間計算量が $O(1)$　　　　b. 最良時間計算量が $O(\log n)$

　　c. 最悪時間計算量が $O(\log n)$　　　　d. 最悪時間計算量が $O(n)$

4.2　2分探索法のアルゴリズムを再帰アルゴリズムとして記述し，その時間計算量を示せ．

4.3　0以上100以下のデータの集合$\{81, 20, 45, 62, 89, 66, 42, 70, 44, 51, 31\}$を，この順番でハッシュ関数 $hash(\mathrm{x})$ を用いて配列 H に格納することを考える．ただし，ハッシュ関数は，$hash(\mathrm{x}) = (\mathrm{x}$ を 7 で割ったときの商$)$ とし，配列 H は H[0]〜H[15] とする．このとき，このデータの集合をすべて配列 H に格納したあとの様子を，図 4.5(c) と同じように示せ．

4.4　空の 2 分探索木に対して，データの集合$\{23, 11, 17, 38, 27, 43, 5, 6, 21, 48, 15\}$を，この順番で格納することを考える．このとき，得られる 2 分探索木を図 4.7 と同様に示せ．

5 ソートアルゴリズム

◆keywords◆
ソート，全順序関係，選択ソート，挿入ソート，ヒープ，ヒープソート，クイックソート，安定なソート

　ソートとは，与えられたデータを決められた順番に並べる操作である．大学受験の合格が試験の点数のソートにより決められたり，Web サイトのアクセス数や本の売上数がソートによりランキングという形で発表されたりと，ソートは日常の中でも非常に頻繁に用いられている．したがって，その実用性から，いままでに多くのソートアルゴリズムが提案されている．本章では，いくつかのソートアルゴリズムについて説明するとともに，各ソートアルゴリズムの時間計算量について考察する．

5.1 ソートの定義と基本的なソートアルゴリズム

5.1.1 ソートの定義

　ソートとは，図 5.1 の例のように，「与えられたデータを決められた順番に並べる」操作であり，以下のように定義される．

◆ **定義 5.1 ソート**

　ソートとは，全順序関係が定義されている n 個のデータ $d_0, d_1, \ldots, d_{n-1}$ が入力として与えられたときに，そのデータを全順序関係に従って並べ替える操作である．

　この定義における全順序関係とはなんだろうか．実は，どのようなデータでもソートを用いて順番に並べられるわけではない．たとえば，「ジャンケンのグー，チョキ，パーを強い順に並べよ」と言われた場合，順番に並べることができるだろうか．また，「日本に住むすべての人を心が優しい順番に並べよ」と言われた場合はどうだろうか．これ

学籍番号	氏名	点数
3001	石川	60
3002	川上	65
3003	中村	90
3004	深川	85
3005	野中	70

点数順にソート

学籍番号	氏名	点数
3003	中村	90
3004	深川	85
3005	野中	70
3002	川上	65
3001	石川	60

図 5.1 ソートの例

らの場合は，そのデータを順番に並べることはできない．その理由は，これらの入力については，以下に定義される全順序関係が成り立たないからである．

◆ **定義 5.2　全順序関係**

　順序関係とは，データの大小関係のことである．すべてのデータに対して以下の性質が成り立つ場合，関係 "$\leq$" は順序関係である．

　　反射則：すべての x について，$x \leq x$ が成り立つ．
　　推移則：すべての x, y, z について，$x \leq y$ かつ $y \leq z$ ならば，$x \leq z$ が成り立つ．
　　反対称則：すべての x, y について，$x \leq y$ かつ $y \leq x$ ならば，$x = y$ が成り立つ．

加えて，すべてのデータの対に対して順序関係 "$\leq$" が以下の性質をもつとき，その順序関係を全順序関係であるという．

　　比較可能性：すべての x, y について，$x \leq y$ もしくは $y \leq x$ が成り立つ．

　つまり，ジャンケンの場合は推移則が成り立たず，心の優しい順に並べる場合は比較可能性が成り立たないので，全順序関係は成り立たない．したがって，これらの入力については，ソートすることはできないというわけである．

　一般には，多くの集合で全順序関係が成り立つので，集合をソートにより並べ替えることができる．全順序関係が成り立つ代表例として，整数の集合が挙げられる．以下では，整数の集合を用いてアルゴリズムの説明を行う．本章で用いるソートの入力と出力の例を以下に示す．

　　入力：$(17, 39, 1, 9, 5, 24, 2, 11, 23, 6)$
　　出力：$(1, 2, 5, 6, 9, 11, 17, 23, 24, 39)$

なお，ソートの入力サイズは n とし，入力は配列 D[0], D[1], ..., D[n-1] に格納され，出力も同じ配列に格納されるものとする．また，ソートアルゴリズムでは「二つの変数の値を交換する」という操作を多用するが，Python では，変数 a と b の値の交換は，

```
a, b = b, a
```

という一つの代入により実行できる．

5.1.2　基本的なソートアルゴリズム

　さて，ソートを行うアルゴリズムは数多く存在するのだが，もっとも基本的なソートアルゴリズムの一つは，選択ソートとよばれるものだろう．選択ソートは，次のような手順でソートを行うアルゴリズムである．

　　① 入力データの中から最大のデータを見つける．

② 見つけた最大のデータをソートの対象から除外する.

③ ①, ②の操作を $n-1$ 回繰り返す.

上記手順の②で見つけた最大のデータを順番に並べると, アルゴリズム終了時のデータはソートされたデータになっているというわけである. 配列に格納されたデータに対してこの手順を実行するアルゴリズムは, 以下のとおりとなる.

アルゴリズム 5.1 選択ソート

```
D = [17, 39, 1, 9, 5, 24, 2, 11, 23, 6]
n = len(D)

for i in range(n - 1, 0, -1):
    max_value = D[0]
    max_index = 0
    for j in range(1, i + 1):
        if D[j] > max_value:
            max_value = D[j]
            max_index = j
    D[max_index], D[i] = D[i], D[max_index]

print(D)
```

出力

```
[1, 2, 5, 6, 9, 11, 17, 23, 24, 39]
```

このアルゴリズム 5.1 では, 内側の for 文により手順①, ②を実現している. ②の「見つけた最大のデータをソートの対象から除外する」という操作は, 最大のデータを右端のデータと交換することにより実現している.

このアルゴリズム 5.1 を入力 (17, 39, 1, 9, 5, 24, 2, 11, 23, 6) に対して実行した場合の例を, 図 5.2 に示す. 図において, 色のついた部分は, ソートが終了したデータを表している.

それでは, アルゴリズム 5.1 の時間計算量について考えてみよう. このアルゴリズムは, 入力により実行が変化しないので, 最良時間計算量と最悪時間計算量が等しい. また, このアルゴリズムは, 二重の for 文により構成されている. 外側の for 文の繰り返し実行回数は $n-1$ 回であり, 内側の for 文は外側の for 文の変数 i に依存し, i 回の繰り返しとなっている. したがって, このアルゴリズム 5.1 の時間計算量は, 以下の式で表されるように, $O(n^2)$ である.

$$\sum_{i=1}^{n-1} i \times O(1) = O(1) \times \frac{n(n-1)}{2}$$
$$= O(n^2)$$

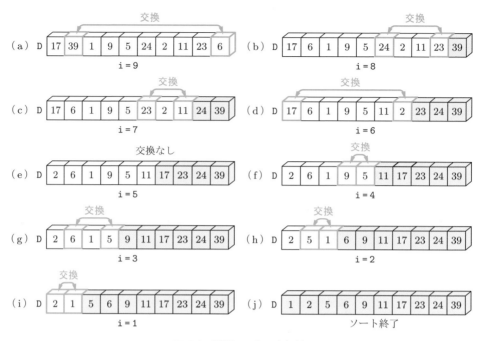

図 5.2　選択ソートの実行例

この $O(n^2)$ という時間計算量はソートアルゴリズムとしてはあまりよくないので，実際のプログラム中でこの選択ソートが使われることはほとんどない．以下では，実際にプログラム中で用いられることのある，いくつかのソートアルゴリズムについて説明していく．

5.2　挿入ソート

挿入ソートは，ほかと比べてわかりやすいソートアルゴリズムだといえるだろう．なぜなら，人が何かをソートするときに一般に利用しているソートアルゴリズムが挿入ソートだからである．たとえば，大富豪や七並べなどのトランプゲームを考えよう．これらのトランプゲームでは，配られた手札をその数字の順番に並べ替えたほうが遊びやすいので，ほとんどの人が手札を並べ替えてからゲームを始める．このとき，多くの人が行っている並べ替え方法は，以下のような手順に従っているのではないだろうか．

① 手札を，すでに並べ替えた状態のカードと，まだ並べ替えていないカードに分ける（最初は，任意の 1 枚を並べ替えた状態のカードとする）．

② まだ並べ替えていないカードを 1 枚手にとり，すでに並べ替えたカードの数字を見て，手にとったカードが挿入されるべき場所を探す．

③ 手に取ったカードを，すでに並べ替えたカードに挿入する．

この手順は挿入ソートの手順とほぼ同じなので，この説明だけで挿入ソートの基本原

理が理解できるかもしれない．ただし，この手順の「カードを探した場所に挿入する」
という操作は，人がトランプを使ってやる場合には簡単なのだが，アルゴリズム中で配
列を使って行う場合は，挿入場所を探すだけではなく，挿入するデータの格納場所を空
ける必要がある．そこで，以下に示す挿入ソートのアルゴリズムでは，「挿入場所を探
す」ということと，「挿入する場所を空ける」ということを同時に行うことにより，挿
入操作を実現している．

アルゴリズム 5.2　挿入ソート

```
D = [17, 39, 1, 9, 5, 24, 2, 11, 23, 6]
n = len(D)

for i in range(1, n):
    x = D[i]                        # D[i]を挿入する値を表す変数xに設定
    j = i
    while j > 0 and D[j - 1] > x:    # 挿入する値とD[j-1]を比較
        D[j] = D[j - 1]             # D[j-1]のほうが大きければ，値を右にずらす
        j = j - 1
    D[j] = x

print(D)
```

出力
```
[1, 2, 5, 6, 9, 11, 17, 23, 24, 39]
```

　アルゴリズム 5.2 の実行例を図 5.3 に示す．アルゴリズム 5.2 において，for 文により
$n-1$ 回の挿入が実行される．$i=k$ のとき，挿入されるデータは D[k] であり，D[0]
から D[k-1] まではソート済みのデータとなっている．

　それでは，時間計算量について考えてみよう．アルゴリズム 5.2 は，for 文とそれに
含まれる while 文で構成されており，アルゴリズムの時間計算量は入力によって変化
する．まず，アルゴリズムの動作がもっとも高速な場合として，図 5.4 のように，入力
が昇順に格納されている，つまり，すでにソート済みである場合を考える．この場合，
アルゴリズム 5.2 の while 文の繰り返し継続条件に含まれる D[j - 1] > x という条
件は 1 回も成り立たない．したがって，while 文中の処理は 1 回も実行されず，アルゴ
リズムの実行時間は for 文の繰り返し回数 $n-1$ のみに依存する．したがって，この場
合の時間計算量は $O(n)$ である．

　次に，アルゴリズムの動作がもっとも遅い場合として，図 5.5 のように，入力が降順
に格納されている場合を考える．この場合，挿入するデータの格納場所はつねに配列の
左端となり，i = k において while 文は k 回繰り返される．したがって，アルゴリズム
の時間計算量は選択ソートの場合と同じになり，$O(n^2)$ である．

　このように，挿入ソートの最良時間計算量は $O(n)$ であり，最悪時間計算量は $O(n^2)$

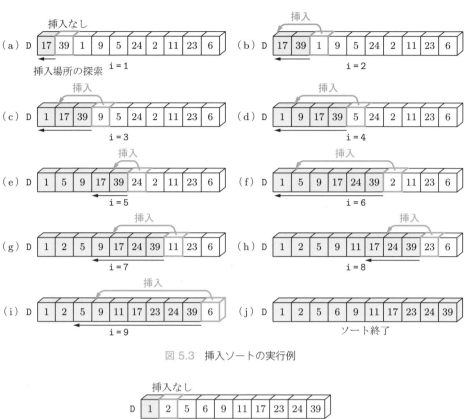

図 5.3   挿入ソートの実行例

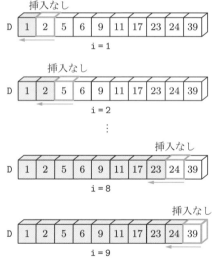

図 5.4   挿入ソートの最良の場合の実行例

である．また，挿入ソートの平均時間計算量については，簡単な計算により，以下の性質を証明することができる．

◆ **性質 5.1**

n 個のデータに対する挿入ソートの平均時間計算量は $O(n^2)$ である．

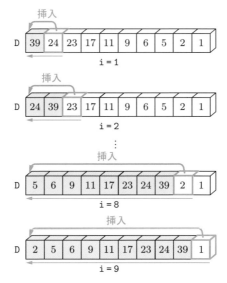

図 5.5　挿入ソートの最悪の場合の実行例

　この性質により，ランダムに並んだデータに対しては，挿入ソートの実行速度はそれほど速いわけではないことがわかる．しかし，詳しい説明は省略するが，データサイズ n が非常に小さい場合や，データがほぼ昇順に近い順番で格納されている場合は，挿入ソートはほかのソートアルゴリズムと比較して高速に動作することが知られている．したがって，挿入ソートは，それらの条件が満たされる場合のソートアルゴリズムとして，実際のプログラムの中で用いられることがある．

5.3　ヒープソート

5.3.1　ヒープ

　三つ目のソートアルゴリズムとして紹介するヒープソートは，ヒープとよばれるデータ構造を用いたソートである．まず，ヒープの概念から説明を始めよう．

　ヒープとは，スタックやキューと同様に，大量のデータを特定の順序で記憶するためのデータ構造である．スタックは LIFO，キューは FIFO という方式の処理を実現するためのデータ構造であったが，ヒープは，優先順位付きの処理を実現するためのデータ構造である．ここで，優先順位付き処理とは何かを考えてみよう．

　例として，病院で診察の順番を待っている場合を考えよう．この病院は非常に混雑しており，多くの患者が受診しに来ている．診察は受付順に行われるので，誰も文句を言わずに順番を待っている．ところが，ここに交通事故で瀕死の重傷を負った急患が救急車で運ばれてきた．このとき，待っている患者は，この急患があとから運ばれて来たので，最後に診察を受けるべきだと思うだろうか．おそらく，その場にいるすべての患者は，その急患を真っ先に診察することに同意してくれるだろう．

このように，データには優先順位をもつものが存在する．ヒープは，この優先順位を数値として表し，値の大きいデータを優先順位が高いものとして先に取り出せるようにしたデータ構造である．

アルゴリズムで用いられるヒープでは，ヒープに対して，push_heap（プッシュヒープ）と delete_maximum（デリートマキシマム）という二つの操作が，以下のように関数として定義されている．

　　push_heap(H,x)：ヒープ H に対して，データ x を格納する．
　　delete_maximum(H)：ヒープ H から最大の値をもつデータを削除し，取り出したデータを出力する．

このような操作を必要とするヒープの構成には，第 3 章で紹介した完全 2 分木から右端のいくつかの葉が除かれた 2 分木が用いられる．図 5.6 に，(17, 39, 1, 9, 5, 24, 2, 11, 23, 6) というデータを格納した 2 分木によるヒープの例を示す．

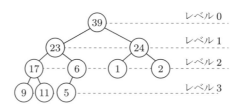

図 5.6　2 分木によるヒープ

この図のように，ヒープに格納されるデータは 2 分木の各節点に保存される．ただし，この 2 分木がヒープであるためには，以下の定義に示すように，二つの性質が満たされなければならない．

◆ **定義 5.3　ヒープ**

以下の二つの性質が成り立つ 2 分木をヒープとよぶ．

　　性質 1：2 分木の最大のレベルを l_m とすると，$0 \leq k \leq l_m - 1$ を満たす各レベル k には 2^k 個の節点が存在し，レベル l_m に存在する葉はそのレベルに左詰めされている．
　　性質 2：各節点に保存されるデータは，その子に保存されるデータより大きい．

この二つの性質が満たされる場合，図 5.6 のように，2 分木の根に保存されるデータは，その 2 分木に含まれるデータの最大値となることがわかるだろう．したがって，データの集合に対してこのような 2 分木によるヒープが構成できれば，ヒープからその最大値を取り出すことは簡単である．

5.3.2 ヒープへのデータの追加

　それでは，まず，この 2 分木で表されたヒープに対して，どのように push_heap という操作を実現するかを説明しよう．T を n 個のデータを格納するヒープを表す 2 分木だとする．このとき，T はヒープを表しているので，定義 5.3 の二つの性質が成り立つ．この 2 分木 T に対してデータ x を追加し，$n+1$ 個のデータを格納するヒープとするには，以下の手順で操作を行えばよい．

① データ x を格納する節点を，定義 5.3 の性質 1 を満たす葉として追加する．
② 追加したデータ x を含む節点と，その節点の親節点のデータを比較する．

- 親節点のデータが大きければ，定義 5.3 の性質 2 を満たしているので，格納操作を終了する．
- 親節点のデータが小さければ，親子の節点間のデータを交換し，②の操作を根に向かって繰り返す．

　図 5.7 は，図 5.6 の 2 分木に対して 31 というデータを追加する様子を表している．はじめに，図 (a) のように，上記手順の①に従って，31 というデータを格納する節点を 2 分木の一番下のレベルに葉として追加する．次に，上記手順の②に従って，葉から根に向かって比較と交換の操作を行い，性質 2 を満たすように 2 分木を修正する．まず，追加した節点の親節点は 6 というデータを含んでいるが，これは追加した 31 より小さいので，図 (b) のように値を交換する．この操作をもう一度繰り返すと，2 分木は図 (c) のようになる．さらに，追加した 31 というデータをその親節点のデータと比較すると，親節点のデータ 39 のほうが大きいので，ここで追加の操作を終了する．このとき，図 (c) の 2 分木はヒープの性質を満たしていることがわかるだろう．

　それでは，この手順に基づいた，関数 push_heap の実現方法について説明する．3.1.3

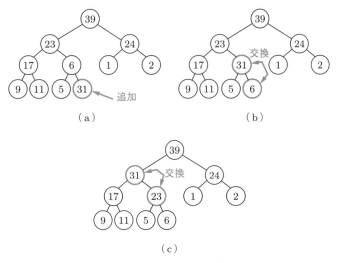

図 5.7 ヒープへのデータの追加

　項で説明したとおり，完全2分木は配列を用いて表すことができる．ヒープを表す2分木も，完全2分木に近い2分木なので，同じ方法で配列を用いて表すことができる．ここでは，ヒープを表す2分木を，配列 T を用いることにより実現するものとする．

　図 5.8(a) に，図 5.6 の2分木を表す配列 T を示す．3.1.3 項で説明した配列による木の実現方法のとおり，T[i] によって表される節点の親のデータは，$k = \lfloor i/2 \rfloor$ となる T[k] に格納されている．したがって，n 個のデータが格納された配列に対してデータの追加を行うためには，最初に T[n+1] にデータを格納し，その添字の番号を半分にしながら比較と交換を行っていけばよい．図 (b)〜(d) は，それぞれ図 5.7(a)〜(c) に対応しており，配列を用いて比較と交換を行っている様子を表している．

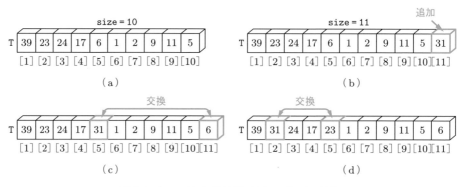

図 5.8　ヒープを表す配列に対するデータの追加

　以下に，上記の操作を実現する関数 push_heap をまとめる．なお，2分木を表す配列 T の T[0] は使用しないので，値が None となっていることに注意してほしい．

アルゴリズム 5.3　関数 push_heap

```
T = [None, 39, 23, 24, 17, 6, 1, 2, 9, 11, 5]

def push_heap(T, x):
    T.append(x)         # データを最後に追加
    k = len(T) - 1      # 追加されたデータはT[k]
    while (k > 1) and (T[k] > T[k // 2]):    # 親の値と比較
        T[k], T[k // 2] = T[k // 2], T[k]    # 親の値が小さければ値を交換
        k = k // 2

print(T)
push_heap(T, 31)
print(T)
```

出力
```
[None, 39, 23, 24, 17, 6, 1, 2, 9, 11, 5]
[None, 39, 31, 24, 17, 23, 1, 2, 9, 11, 5, 6]
```

　この関数 push_heap の時間計算量は，その手順から，ヒープを表す 2 分木の高さの
オーダに等しいことがわかるだろう．ここで，3.1.2 項の性質 3.4 より，節点数 n の完
全 2 分木の高さは $O(\log n)$ であり，ヒープで用いられる 2 分木は完全 2 分木に近いの
で，これとほぼ同じ高さである．したがって，n 個のデータを格納したヒープに対する
関数 push_heap の時間計算量は $O(\log n)$ である．

5.3.3　ヒープからの最大値の取り出し

　次に，ヒープに対するもう一つの操作である delete_maximum の実現方法を説明し
よう．2 分木に格納されたデータの最大値は根に格納されている．この根のデータを
取り出すのは簡単であるが，取り出したあとは，根にデータが入っておらず，葉も一
つ多い状態となる．そこで，まず最大のレベルにある右端の葉から根へデータを移動
するが，そのままではヒープの要件である定義 5.3 の性質 2 が成り立たない．そこで，
push_heap の場合とは逆に，根から葉へ比較および交換の操作を繰り返すことにより，
性質 2 が成り立つ 2 分木に修正する必要がある．

　delete_maximum の手順の詳細を以下に示す．根から葉に向かって比較や交換を行う
場合は，子の数による場合分けが必要となるので，push_heap の場合より少々複雑に
なっている．

① 根から最大値を取り出し，そこに右端の葉のデータを格納する（右端の葉は削
　除する）．
② 根に移動したデータを含む節点と，その節点の子節点のデータを比較し，比較
　結果に従って以下の処理を実行する．

> **子節点が存在しない場合**：操作を終了する．
> **子節点が一つの場合**：子節点のデータが小さければ，性質 2 を満たしてい
> 　るので操作を終了する．子節点のデータが大きければ，二つの節点のデー
> 　タを交換し，②の操作を葉に向かって繰り返す．
> **子節点が二つの場合**：二つの子節点のデータが両方とも根に移動したデー
> 　タより小さければ，性質 2 を満たしているので操作を終了する．いずれ
> 　かの子節点のデータが大きければ，根に移動したデータと大きいほうの
> 　値をもつ子節点のデータを交換し，②の操作を葉に向かって繰り返す．

　図 5.9 に，上記の手順に従って図 5.6 のヒープを表す 2 分木から最大値を削除する様
子を示す．まず，上記手順の①に従って，図 5.9(a) のように 39 というデータを根から
取り出し，右端の葉の 5 というデータを根に格納する．ただし，このままでは定義 5.3
の性質 2 を満たさないので，上記手順②に従って，根から葉に向かって比較と交換の操
作を行い，2 分木を修正する．

　まず，根の二つの子節点は 23 と 24 というデータをもっているが，三つの節点のデー

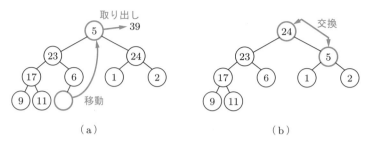

図 5.9　ヒープからの最大値の取り出し

タ中では 24 が最大であるので，図 (b) のようにデータを交換する．次に，交換後の節
点とその子節点との間でデータを比較すると，二つの子節点のデータは 1 と 2 であり，
両方の子節点の値のほうが小さいので，操作を終了する．このとき，図 (b) の 2 分木は
ヒープの性質を満たしている．

　関数 push_heap の場合と同じように，ヒープを表す配列 T を用いた場合，以下のよ
うに関数 delete_maximum を実現できる．

アルゴリズム 5.4　関数 delete_maximum

```
T = [None, 39, 23, 24, 17, 6, 1, 2, 9, 11, 5]

def delete_maximum(T):
    max_value = T[1]
    last_value = T.pop()      # 葉のデータの取り出し
    heap_size = len(T)-1
    if heap_size == 0:        # ヒープが空になった場合は終了
        return max_value
    T[1] = last_value         # 葉のデータを根に移動
    k = 1
    while 2 * k <= heap_size:      # 子をもつかどうかを判定
        if 2 * k == heap_size:     # 子が一つの場合
            if T[k] < T[2 * k]:    # 親のデータが小さい場合は交換
                T[k], T[2 * k] = T[2 * k], T[k]
                k = 2 * k
            else:
                break
        else:                      # 子が二つの場合
            if T[2 * k] > T[2 * k + 1]:    # 大きいデータをもつ子を見つける
                lc_index = 2 * k
            else:
                lc_index = 2 * k + 1
            if T[k] < T[lc_index]:    # 親のデータが小さい場合は交換
                T[k], T[lc_index] = T[lc_index], T[k]
                k = lc_index
            else:
                break
    return max_value
```

```
print(T)
print(delete_maximum(T))
print(T)
```

出力
```
[None, 39, 23, 24, 17, 6, 1, 2, 9, 11, 5]
39
[None, 24, 23, 5, 17, 6, 1, 2, 9, 11]
```

　図 5.10 に，関数 detele_maximum の実行例を示す．図 (a), (b) は，それぞれ図 5.9(a)，(b) に対応している．また，関数 detele_maximum の時間計算量は，アルゴリズムからヒープを表す 2 分木の高さに等しく，関数 push_heap の場合と同じように $O(\log n)$ である．

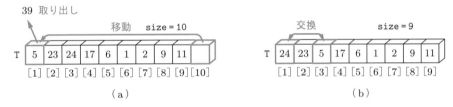

(a)　　　　　　　　　　　　　　　(b)

図 5.10　ヒープを表す配列に対するデータの取り出し

5.3.4　ヒープソートの実現

　さて，長々とヒープに関する説明を続けてきたが，本題のヒープソートの話をしよう．いままで説明してきた push_heap と delete_maximum は，一つのデータを追加したり取り出したりする関数だが，これらの関数を用いて，以下の手順でソートを行うことができる．

① 配列に格納された n 個のデータについて，push_heap を n 回繰り返し，ヒープを表す 2 分木を作成する．

② ①で作成されたヒープを表す 2 分木に対して，delete_maximum を n 回繰り返し，データを取り出した順に並べる．

この手順に従ってヒープソートを実現したアルゴリズムを，以下に示す．

アルゴリズム 5.5　ヒープソート
```
D = [17, 39, 1, 9, 5, 24, 2, 11, 23, 6]
n = len(D)
T = [None]

for i in range(n):
    push_heap(T, D[i])
```

```
for i in range(n-1, -1, -1):
    D[i] = delete_maximum(T)

print(D)
```

出力
```
[1, 2, 5, 6, 9, 11, 17, 23, 24, 39]
```

5.3.5 ヒープソートの時間計算量

最後に，ヒープソートを実現したアルゴリズム 5.5 の最悪時間計算量について考えてみよう．n 個のデータが格納されたヒープに対する push_heap と delete_maximum の時間計算量は $O(\log n)$ であるが，アルゴリズム 5.5 では，データサイズが 1 から n までの場合について，push_heap と delete_maximum が実行されている．したがって，アルゴリズムの時間計算量は以下の式で概算できる．

$$2 \times \sum_{i=1}^{n} \log i \leq 2 \times n \times \log n = O(n \log n)$$

したがって，ヒープソートを実現したアルゴリズム 5.5 の最悪時間計算量は $O(n \log n)$ である．また，説明は省略するが，ヒープソートについては，最良時間計算量も $O(n \log n)$ であることがわかっている．この時間計算量は後述のクイックソートやマージソートと同じであるが，実用的にはそれほど高速ではないので，実際には，ヒープソートがソートアルゴリズムとしてプログラム中で用いられることは少ない．しかし，ヒープ自体はさまざまなプログラムで用いられており，実用的かつ重要なデータ構造である．

● Python コラム 10 （Python におけるヒープ）●

Python には，push_heap と delete_maximum に相当する関数として，標準ライブラリ heapq に含まれる heappush と heappop がある．また，リストをヒープに変換する heapify という関数も存在する．これらの関数は，上記で説明したヒープと同様に，格納先としてリストを用いるのだが，以下のような違いがある．

- n 個のデータをリスト T に格納する場合に，T[0] から T[n-1] を用いる．これにより，各データの親や子を表すデータの格納場所が，上記で説明したヒープとは異なる．
- ヒープの親子関係のある節点の組において，親のデータのほうが子のデータより小さい．つまり，根に最小のデータが格納されるヒープが作成される．また，heappop はヒープから最小のデータを取り出す関数となる．

以下に，heappush と heappop を用いたヒープソートを示す．

アルゴリズム 5.6 Python の関数を用いたヒープソート
```
from heapq import heappush, heappop
```

```
D = [17, 39, 1, 9, 5, 24, 2, 11, 23, 6]
n = len(D)
T = []

for i in range(n):
    heappush(T, D[i])
print(T)      # 最小値が根に格納されているヒープを表示
for i in range(n):
    D[i] = heappop(T)
print(D)      # ソート結果を表示
```

出力
```
[1, 5, 2, 11, 6, 24, 17, 39, 23, 9]
[1, 2, 5, 6, 9, 11, 17, 23, 24, 39]
```

なお，n 個のデータが格納されたヒープに対する heappush と heappop の時間計算量は，両方とも $O(\log n)$ である．

5.4　クイックソート

5.4.1　クイックソートの概要

　本節では，クイックソートという，実用的にはもっとも高速に動作するソートアルゴリズムを紹介する．クイックソートは再帰アルゴリズムでもあるので，動作や時間計算量を理解するのが大変かもしれないが，ソートアルゴリズムの中でもっとも重要なので，がんばって理解してほしい．

　選択ソートや挿入ソートは，データを一つずつ順番に処理するというソートアルゴリズムであったが，クイックソートは，データを大まかに二つに分割していくアルゴリズムである．図 5.11 を用いてクイックソートのアイデアを説明する．

　クイックソートでは，まず，図 5.11(a) のように，分割の基準となる基準値†とよばれるデータを，入力データの中から適当に一つ選ぶ．次に，図 (b) のように，入力データを「基準値より小さいデータ」と「基準値以上のデータ」の二つの集合に分割する．このとき，「基準値より小さいデータ」の集合は基準値より左に，「基準値以上のデータ」の集合は基準値より右に置く．これにより，「基準値より小さいデータ」の集合に含まれているすべてのデータが「基準値以上のデータ」の集合に含まれているデータより小さくなるので，以降は，分割した集合間でデータの比較を行う必要はなくなる．分割したあと，二つの集合に含まれるデータはまだソートされていないので，次に，図 (c) のように，それぞれの集合について，同じように基準値を決めてデータを二つに分割する．

---

† ピボット (pivot) とよばれることもある．

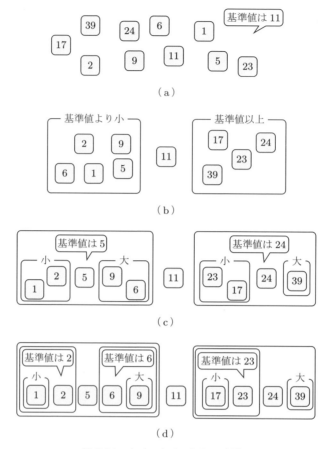

図 5.11　クイックソートのアイデア

分割した集合のデータが一つになるまでこの操作を繰り返すと，図 (d) のように，全体としてすべてのデータがソートされることになる.

　このアイデアを手順としてまとめると，以下のようになる（入力データの集合は $D = \{d_0, d_1, \ldots, d_{n-1}\}$ とする）.

① 集合 D に含まれるデータが一つならば，そのまま何もせずにアルゴリズムを終了する.

② 集合 D から，基準値となるデータ d_k を適当に一つ選ぶ.

③ 集合 D に含まれる各データと基準値 d_k を比較し，すべてのデータを次のいずれかに分割する.

　　• d_k より小さいデータの集合 D_1
　　• d_k 以上のデータの集合 D_2

④ 集合 D_1 と集合 D_2 をそれぞれ再帰的にソートする.

⑤ 再帰的なソートが済んだら，三つの集合 D_1, $\{d_k\}$, D_2 をこの順番に連結したものを出力する.

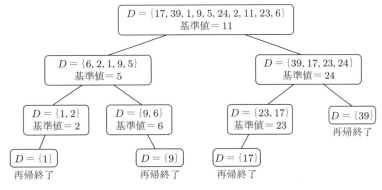

図 5.12　クイックソートの再帰木

　上記の手順で述べられているように，クイックソートは再帰アルゴリズムとして記述されることが一般的である．そこで，図 5.11 の例をこの手順に従って実行した場合の再帰木を図 5.12 に示す．ただし，図の再帰木では，各節点の値は，時間計算量ではなく，再帰途中でのデータと基準値を表している．

5.4.2　クイックソートの実現

　それでは，クイックソートの詳細を考えてみよう．まず，クイックソートの入力は，ほかのソートアルゴリズムと同じように，配列 D[0], D[1], ..., D[n-1] で与えられるものとする．次に，前項の手順②，③を実行する部分は，partition という関数にまとめて実現するものとする．この関数 partition の詳細はあとで述べることにして，ここでは，その入出力のみを簡単に説明する．

　関数 partition の入出力例を図 5.13 に示す．まず，関数 partition は，入力として，配列 D と，left，right という二つの変数を引数にもつ．ここで，left，right という変数は，配列 D の添字であり，関数 partition の入力となる範囲を指すのに使われる．すなわち，配列 D の D[left], D[left+1], ..., D[right] という部分が関数 partition の入力であることを表している．また，出力としては，配列 D の D[left], D[left+1], ..., D[right] の中のデータを移動させて，

- 配列の左側に基準値より小さいデータ
- 配列の右側に基準値以上のデータ
- 上記の二つのデータの間に基準値

となるように並べ替えることが必要である．また，並べ替えたあとの基準値の配列内での位置も，併せて出力する必要がある．

　このような関数 partition さえ実現できれば，クイックソートは，前項でまとめた手順に基づき，以下の関数 quicksort として実現できる．この関数 quicksort は，配列 D と，left，right という二つの変数を入力とする．left および right という変

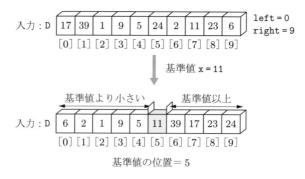

図 5.13 関数 partition の入出力例

数は,関数 partition と同じように,配列 D の D[left], D[left+1], ..., D[right] という部分が関数 quicksort の入力であることを表している.

アルゴリズム 5.7 クイックソート

```
def partition(D, left, right):
    #
    # 関数partitionの詳細については,アルゴリズム5.8で説明する
    #

def quicksort(D, left, right):
    if left < right:
        pivot_index = partition(D, left, right)
        quicksort(D, left, pivot_index - 1)
        quicksort(D, pivot_index + 1, right)

D = [17, 39, 1, 9, 5, 24, 2, 11, 23, 6]
quicksort(D, 0, len(D) - 1)
print(D)
```

出力
```
[1, 2, 5, 6, 9, 11, 17, 23, 24, 39]
```

5.4.3 関数 partition の実現

それでは,クイックソートを実現するために必要な,関数 partition の詳細について説明する.関数 partition は,以下の手順により実現できる.

① D[left], D[left+1], ..., D[right] の中から基準値となるデータ D[k] を選ぶ.

② 基準値 D[k] を一番右端のデータ D[right] と交換する.

③ 配列 D を D[left] から右に向かって探索し,基準値以上のデータを見つけ,その位置を変数 i に記録する.

④ 配列 D を D[right-1] から左に向かって探索し,基準値より小さいデータを見

つけ，その位置を変数 j に記録する．

⑤ i と j の関係が i < j であるとき，「D[i] ≧ 基準値 > D[j]」なので，D[i] と
　 D[j] のデータを交換する．

⑥ ③〜⑤の操作を i > j となるまで繰り返す（繰り返し終了時には，基準値より
　 小さいデータの集合と基準値以上のデータの集合に分割されている）．

⑦ D[i] と D[right] のデータを交換し，基準値を二つの集合の間に入れる．

　上記手順の実行例を図 5.14 に示す．この図を見ながら，上記手順により正しく関数
partition の出力が得られることを検証してみよう．まず，手順①により基準値を求め
（図 (a)），手順②により基準値を右端のデータと交換する（図 (b)）．この場合は，基準
値として D[7] = 11 が選ばれるものとする．次に，手順③，④により i と j の位置を決
定し（図 (c), (d)），手順⑤により，D[i] と D[j] のデータを交換する（図 (e)）．そして，
③〜⑤の操作を i > j となるまで繰り返し（図 (f)〜(h)），最後に D[i] と D[right] の
データを交換する（図 (i)）．こうして得られた配列 D が関数 partition の出力となっ

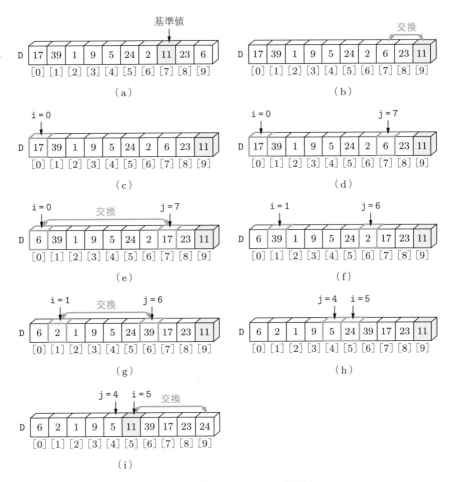

図 5.14　関数 partition の実行例

ていることがわかるだろう.

　上記の手順で関数 partition を実現するアルゴリズムを以下に示す. なお, このアルゴリズムでは, 基準値は, Python の ramdom モジュールに含まれる randint 関数を用いて, D[left] から D[right] の間の値からランダムに選ばれるようになっている.

アルゴリズム 5.8　関数 partition

```python
from random import randint, uniform

def partition(D, left, right):
    k = randint(left, right)
    # 基準値をD[left]からD[right]までの中からランダムに選ぶ
    D[k], D[right] = D[right], D[k]      # 基準値を右端のデータと交換
    i = left
    j = right - 1
    while i <= j:
        while D[i] < D[right]:
            i = i + 1
        while D[j] >= D[right] and j >= i:
            j = j - 1
        if i < j:
            D[i], D[j] = D[j], D[i]
    D[i], D[right] = D[right], D[i]      # 基準値を二つの集合の間に入れる
    return i                             # 基準値の位置を出力
```

　関数 partition に関して, 最後に, 時間計算量を考えてみよう. まず, 関数 partition に入力される配列 D のサイズ (right-left+1) を n とする. この関数は, おもに二重の while 文で構成されているが, 外側の while 文の繰り返し回数にかかわらず, 内側の二つの while 文の繰り返し回数は, 合わせて最大 $n-1$ である. なぜなら, i と j は最初に最大で $n-1$ だけ離れていて, 内側の while 文を 1 回実行するたびに一つずつ近づくからである. 最初に i と j が $n-1$ だけ離れていた場合, $n-1$ 回の実行により i > j となり, 外側の while 文の終了条件は満たされる. while 文以外の操作は定数時間で実行可能なので, 関数 partition 全体の時間計算量は $O(n)$ となる.

5.4.4　クイックソートの時間計算量

　さて, 関数 partition の実現によりクイックソートが完成したので, クイックソート全体の時間計算量について考えてみよう. アルゴリズム 5.7 がクイックソートの詳細である. 関数 quicksort は, 以下の三つの部分で構成されている.

① 関数 partition
② 基準値より左の部分の再帰的なクイックソート
③ 基準値より右の部分の再帰的なクイックソート

この中で，①の関数 partition の時間計算量は，先に説明したとおり，入力データが n 個の場合は $O(n)$ なので，とりあえず，ある定数 c を用いて cn としておこう．また，②，③の再帰における基準値より左と右の部分のデータのサイズを，それぞれ n_l，n_r としよう．このとき，n 個のデータのクイックソートの時間計算量を $T(n)$ とおくと，$T(n)$ は以下の式で表すことができる．

$$T(n) = \underbrace{cn}_{\text{(1) 関数 partition}} + \underbrace{T(n_l)}_{\text{(2) 左の部分の再帰}} + \underbrace{T(n_r)}_{\text{(3) 右の部分の再帰}} \qquad (n_l + n_r = n - 1)$$

この式に基づいてクイックソートの時間計算量を求めていくのだが，この時間計算量は，左と右に分割されるデータの数（n_l と n_r）に非常に大きく依存している．これらの数は基準値によって決められるので，以下では，基準値の選び方と時間計算量の関係について少し考えてみる．

アルゴリズム 5.8 の関数 partition ではランダムに基準値を選んでいるが，実は，どのような基準値の選び方をしても，クイックソート（アルゴリズム 5.7）は正しくソートを実行する．ただし，基準値の選び方により，アルゴリズムの時間計算量は大きく変化する．たとえば，以下のような例を考えてみよう．アルゴリズム 5.8 の「範囲内からランダムに基準値を選ぶ」という基準値の選び方（k = randint(left, right)）を，「先頭のデータを基準値として選ぶ」という選び方（k = left）に変更したとする．このとき，データが昇順に並んでいる入力（$(0, 1, 2, \ldots, n-1)$ のような入力）が与えられたときのアルゴリズムの時間計算量を考える．

「先頭のデータを基準値に選ぶ」という選び方により，最初のクイックソートの実行では，もっとも小さいデータが基準値となり，その他のデータはすべて基準値より大きいデータの集合に含まれる．また，次の再帰的なクイックソートの実行でも，関数 partition においてもっとも小さいデータが基準値となり，入力データは基準値とそれより大きい残りのデータに分割されることになる．

実は，このように入力のデータがつねに「基準値」と「それより大きいデータ」（もしくは「基準値」と「それより小さいデータ」）に分割される場合，クイックソートの時間計算量は最悪となる．入力のデータがつねに基準値とそれより大きいデータに分割される場合，つねに $n_l = 0$，$n_r = n - 1$ なので，時間計算量 $T(n)$ を前述の式で表すと以下のようになる．

$$T(n) = \underbrace{cn}_{\text{関数 partition}} + \underbrace{T(n-1)}_{\text{右の部分の再帰}}$$

また，この場合のクイックソートの実行を表す再帰木を，図 5.15 に示す（再帰木の各節点に含まれる値は，時間計算量を表している）．

上述の式からも時間計算量は求められるが，ここでは，再帰木から時間計算量を求めてみよう．図右端の再帰木の高さは n であり，節点の時間計算量は $cn, c(n-1), \ldots, c$

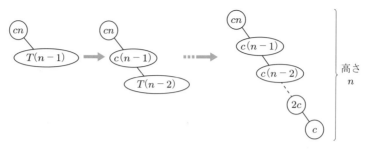

図 5.15 最悪時間計算量の場合の再帰木

となっている．再帰アルゴリズムの時間計算量は，再帰木のすべての節点が表す時間計算量の和に等しいので，その和を求めると以下のようになり，クイックソートの最悪時間計算量が $O(n^2)$ であることがわかる．

$$\sum_{i=0}^{n-1} c(n-i) = \sum_{i=1}^{n} ci = c\frac{n(n+1)}{2} = O(n^2)$$

次に，クイックソートの時間計算量が最良となる場合の実行を考えてみよう．たとえば，先ほどと同じ昇順に並んだ入力に対して，基準値の選び方を「入力の中央の値を選ぶ」とする（アルゴリズム 5.8 において，k = (left + right) // 2 とする）ことを考えよう．この場合は，関数 partition により，「基準値より小さいデータ」と「基準値より大きいデータ」は均等に分割され，そのサイズがほぼ等しくなる．したがって，この場合の時間計算量 $T(n)$ を前述の式で表すと，以下のようになる†．

$$T(n) \le \underbrace{cn}_{\text{関数 partition}} + \underbrace{T\left(\frac{n}{2}\right)}_{\text{左の部分の再帰}} + \underbrace{T\left(\frac{n}{2}\right)}_{\text{右の部分の再帰}}$$

また，この場合の実行を再帰木で表すと，図 5.16 のようになる．

この再帰木は完全 2 分木であり，葉は一つのデータに対するアルゴリズムの実行を表しているので，葉の数は n である．よって，3.1.2 項の性質 3.2 より，木の高さは $O(\log n)$ である．また，図 5.16 を見ると，再帰木の各レベルの節点に含まれる時間計算量の和は，すべて等しく cn であることがわかる．したがって，すべての節点が表す時間計算量の和は $O(\log n \times cn) = O(n \log n)$ であり，クイックソートの最良時間計算量は $O(n \log n)$ である．

それでは，高速とされているクイックソートの一般的な時間計算量はどうだろうか．それを考えるためには，まず基準値の選び方について考察する必要がある．先に述べたとおり，クイックソートの動作がもっとも速くなるのは，関数 partition の実行においてデータを均等に 2 分割する場合である．したがって，データが均等に 2 分割で

---

† 正確には，基準値はソートする必要がないので，左か右の部分の要素数は $\lceil (n-1)/2 \rceil$ となる．厳密に求めると計算が難しくなるので，詳細を省略して不等式で表している．

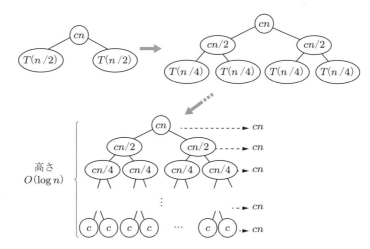

図 5.16　最良時間計算量の場合の再帰木

きるように基準値を選んでやれば，クイックソートの動作は高速になる．そこで，関数 `partition` を実現する場合には，一般に，以下のような方法で基準値が選ばれている．

- 対象の配列 `D[left]`,`D[left+1]`,...,`D[right]` の中からランダムに選ぶ．
- 対象の配列の真ん中のデータ `D[⌊(left+right)/2⌋]` を選ぶ．
- 対象の配列の左端 `D[left]`，真ん中 `D[⌊(left+right)/2⌋]`，右端 `D[right]` の三つのデータを大きさ順に並べて，中央にくるデータを選ぶ．

現実的には，これらの方法で基準値を選択すれば，最良の場合に近い時間でクイックソートを実行できる．

　また，n 個のデータから基準値をランダムに選ぶ場合には，その基準値のデータ中での順位は，1 番目から n 番目まで n 通りの可能性がある．どの順位になるかの確率を等しく $1/n$ だと仮定した場合の平均時間計算量については，以下の性質が証明されている．

◆ **性質 5.2**

n 個のデータに対するクイックソートの平均時間計算量は，$O(n \log n)$ である．

　この時間計算量は，前述のヒープソートや次章で説明するマージソートと同じであり，比較を行うソートアルゴリズムとしては，これ以上の改良はできないとされている計算量である．

5.5　安定なソート

　最後に，ソートアルゴリズムについて注意しなければならない点を述べる．これまで説明してきたソートアルゴリズムの入力例では，入力のデータはすべて異なるものとし

て考えてきた．しかし，一般のソートアルゴリズムの入力では，同じ値をもったデータが多数存在する場合が考えられる．実は，同じ値をもったデータがある場合，ソートアルゴリズムを利用する際に注意が必要である．

　気をつけるべき点の一つは，ソートアルゴリズムをプログラムとして実現する場合，同じ値をもったデータの処理においてバグが発生しやすいということである．クイックソートなどでは，再帰が進んでソートを行うデータ数が少なくなると，すべての入力データが同じ値になることも考えられる．アルゴリズムをプログラムとして実現する場合は，このような場合でもきちんと動作することが保証できるよう，注意を払ってプログラミングをしなければならない．

　もう一つ気をつけなければならない重要な点は，同じ値のデータをどういう順序で並べるかということである．これを理解するために，図 5.17 を用いて説明する．

学籍番号	氏名	点数
3001	石川	90
3002	川上	80
3003	中村	90
3004	深川	90
3005	野中	70

（a）

学籍番号	氏名	点数
3005	野中	70
3002	川上	80
3003	中村	90
3004	深川	90
3001	石川	90

（b）

学籍番号	氏名	点数
3005	野中	70
3002	川上	80
3001	石川	90
3003	中村	90
3004	深川	90

（c）

図 5.17　同じ値のデータをもつ入力のソート

　図 (a) は，ソートの入力となる表である．この表には各学生の学籍番号，氏名，試験の点数が記入されている．この表のデータを，ソートアルゴリズムを用いて試験の点数の昇順に並べ替えることを考えよう．この場合，図 (b), (c) はどちらも入力を試験の点数の昇順に並べ替えたものであるが，どちらのほうが好ましいだろうか．一般には，同じ点数なら学籍番号も昇順になっている図 (c) のほうが図 (b) よりも好まれるだろう．

　図 (c) のような出力を得るためには，ソートの定義において，「与えられたデータを決められた順番に並べる」という条件に，「同じ値のデータは，入力の順序どおりに並べる」という条件を追加する必要がある．この二つの条件を満たすソートのことを安定なソートという．

　これまで説明してきたソートアルゴリズムの中では，選択ソートと挿入ソートは安定なソートであった．また，次章で説明するマージソートも安定なソートである．しかし，ヒープソートとクイックソートは，そのアルゴリズムの動作から，安定なソートではない．

　したがって，クイックソートなどの安定でないソートアルゴリズムを用いて安定なソートを行いたい場合には，もともとの並び順をデータの全順序関係に加える必要がある．たとえば，図 5.17 の例では，2 人の学生のデータを比較する場合に，学生間の全順序関係を「学生 A と学生 B について，((学生 A の点数 < 学生 B の点数)，もしくは，

（学生 A の点数＝学生 B の点数，かつ，学生 A の学籍番号＜学生 B の学籍番号））な
らば，学生 A ＜学生 B である」と定義しなければならない．

このように，プログラム中でソートアルゴリズムを用いる場合は，アルゴリズムの実
行速度だけでなく，安定性なども考慮して，入力のデータに応じたソートアルゴリズム
を選択する必要がある．本書で紹介したアルゴリズム以外にも多くのソートアルゴリズ
ムがあるので，興味のある人は参考文献を参照してほしい．

● Python コラム 11 　（Python におけるソート）●

　本章でいくつかのソートアルゴリズムを紹介してきたのだが，実は Python では，リス
トに対するソートは，標準の組み込み関数 sort を用いて，以下のように 1 行で実行で
きる．

アルゴリズム 5.9 　Python の関数 sort を用いたソート

```
D = [17, 39, 1, 9, 5, 24, 2, 11, 23, 6]
D.sort()
print(D)
```

出力
```
[1, 2, 5, 6, 9, 11, 17, 23, 24, 39]
```

　Python の関数 sort で用いられているのは，TimSort とよばれるソートアルゴリズム
である．これは，次章で紹介するマージソートと挿入ソートを組み合わせて，さらにさま
ざまな改良を加えたアルゴリズムである．この TimSort は，安定であり，かつ，最悪時間
計算量が $O(n \log n)$ であるという優れた性質をもつ．また，Python において最適化さ
れているので，本章で紹介したクイックソートよりもさらに高速に実行できる．加えて，
パラメータを指定することにより，昇順と降順を変更したり，ソートのキーを指定したり
することも可能となっている．

　したがって，Python のプログラミングにおいてソートを実行するときには，ほとんど
の場合において，この組み込み関数 sort を用いるのが最適である．ただし，入力データ
によっては関数 sort よりもほかのソートアルゴリズムのほうが高速にソートできる場合
も存在するので，さまざまなソートアルゴリズムに対して理解を深めておくことは重要で
あろう．

● 第 5 章のポイント ●

1. ソートとは，n 個のデータを全順序関係に従って並べ替える操作である．選択ソートと
よばれる簡単なソートアルゴリズムは，n 個のデータに対して $O(n^2)$ 時間でソートを
実行できる．

2. 挿入ソートは，未ソートのデータをソート済みの列に挿入していくソートアルゴリズム
であり，最良時間計算量が $O(n)$，最悪時間計算量が $O(n^2)$ である．

3. ヒープソートは，ヒープとよばれるデータ構造を用いるソートアルゴリズムである．

ヒープは2分木を用いてデータを格納するので，n 個のデータを格納したヒープに対して，データを追加したり，最大のデータを取り出したりする操作は $O(\log n)$ 時間で実行できる．ヒープソートは，ヒープの追加と取り出しの操作をそれぞれ n 回繰り返して実行することにより，$O(n \log n)$ 時間でソートを行うアルゴリズムである．

4. クイックソートは，基準値とよばれるデータを決定し，データを基準値より小さいものと大きいものに分割するという処理を再帰的に繰り返すことにより，ソートを行うアルゴリズムである．クイックソートの時間計算量は，基準値の選び方によって大きく変化する．入力サイズが n の場合の最悪時間計算量は $O(n^2)$ であり，基準値をうまく選んだ場合の時間計算量は $O(n \log n)$ である．

5. 同じ値のデータは入力の順序どおりに並べるという性質をもったソートを，安定なソートとよぶ．

演習問題

5.1　以下の文章の①〜⑩について，それぞれ正しい記号を下から選べ．正しい記号が複数存在する場合はすべて列挙せよ．ただし，②〜⑨については，もっとも適切なものを一つだけ選ぶこと．

　ソートとは，与えられたデータを決められた順番に並べる操作である．ソートの入力は（　①　）．

　n 個のデータを格納しているヒープに対して，データを一つ追加するのに必要な時間計算量は（　②　）であり，最大のデータを削除するのに必要な時間計算量は（　③　）である．

　サイズが n のデータに対する挿入ソートの最良時間計算量は（　④　）であり，最悪時間計算量は（　⑤　）である．また，同じデータに対するヒープソートの最良時間計算量は（　⑥　）であり，最悪時間計算量は（　⑦　）である．

　クイックソートは（　⑧　）ソートアルゴリズムであるが，（　⑨　）．

　（　⑩　）は安定なソートアルゴリズムではないので，同じ値が含まれるデータに対して使用する際には，注意が必要である．

①：a. 整数でなければならない　　　　　b. 全順序関係が成り立たなければならない
　　c. 同じ値が存在してはいけない　　　d. 昇順に並んでいなければならない
②：a. $O(n^2)$　　　b. $O(n)$　　　c. $O(\log n)$　　　d. $O(1)$
③：a. $O(n^2)$　　　b. $O(n)$　　　c. $O(\log n)$　　　d. $O(1)$
④：a. $O(n^2)$　　　b. $O(n \log n)$　　　c. $O(n)$　　　d. $O(1)$
⑤：a. $O(n^2)$　　　b. $O(n \log n)$　　　c. $O(n)$　　　d. $O(1)$
⑥：a. $O(n^2)$　　　b. $O(n \log n)$　　　c. $O(n)$　　　d. $O(1)$
⑦：a. $O(n^2)$　　　b. $O(n \log n)$　　　c. $O(n)$　　　d. $O(1)$
⑧：a. 配列の左からデータを順番に処理する
　　b. データをほぼ同じサイズの二つの集合に再帰的に分割する
　　c. 入力を基準値を用いて二つの集合に分割し，再帰的にソートを実行する

　　　d. 配列以外のデータ構造を利用する

⑨：a. 最良時間計算量と最悪時間計算量は等しい

　　　b. つねに挿入ソートより高速に実行できる

　　　c. 基準値の選び方により時間計算量が変化する

　　　d. 最悪時間計算量はヒープソートの最悪時間計算量と同じである

⑩：a. クイックソート　　　　b. ヒープソート

　　　c. 挿入ソート　　　　　　d. 選択ソート

5.2　アルゴリズム 5.2 の挿入ソートは，図 5.3 のように，for 文を 1 回実行するごとに配列の左側から出力が確定するソートアルゴリズムである．この挿入ソートを，図 5.2 の選択ソートと同じように for 文を 1 回実行するごとに配列の右側から出力が確定するソートアルゴリズムに変更し，そのアルゴリズムを示せ．

5.3　空のヒープ T に対して，以下の操作を順番に実行した．

push_heap(T,34)→push_heap(T,22)→push_heap(T,65)→push_heap(T,14)→push_heap(T,80)
→push_heap(T,68)→delete_maximum(T)→push_heap(T,30)→delete_maximum(T)
→delete_maximum(T)

(1)　1 回目，2 回目，3 回目の delete_maximum で出力される値をそれぞれ答えよ．

(2)　操作終了後にどのようなヒープができているかを，図 5.6 と同じように示せ．

5.4　以下の問いに答えよ．

(1)　配列 T[1]〜T[8] に以下の値が格納されているとする．

　　　T[1] = 80,　T[2] = 45,　T[3] = 67,　T[4] = 23,　T[5] = 40,　T[6] = 53,
　　　T[7] = 60,　T[8] = 27

　　　このとき，配列 T はヒープを表す配列であるといえるかどうかを，理由とともに答えよ．

(2)　配列 T[1]〜T[n] に n 個のデータが降順に格納されているとき，配列 T はヒープを表す配列であるといえるかどうかを，理由とともに答えよ．

5.5　クイックソートを実行するアルゴリズム 5.7 に対して，値が 0 または 1 の 2 種類しかない入力が与えられたとする．このとき，アルゴリズム 5.7 の時間計算量は，最良時間計算量と最悪時間計算量のどちらに近いだろうか．理由とともに答えよ．

5.6　アルゴリズム 5.8 の入力として，(35, 21, 4, 49, 55, 19, 12, 32, 24, 42) が配列 D[0]〜D[9] に格納されているものとする．基準値を D[0] = 35 とした場合の，アルゴリズム 5.8 実行後の配列 D[0]〜D[9] を示せ．

6 アルゴリズムの設計手法1

◆keywords◆
分割統治法，マージソート，グリーディ法，動的計画法，ナップサック問題

　本章と次章では，アルゴリズムを作成する場合に頻繁に用いられる，いくつかの設計手法について紹介していく．これらの設計手法を理解すれば，自分で新たなアルゴリズムを考案する場合のヒントとなり，効率のよいアルゴリズム作成の大きな手助けとなることは間違いない．

　本章では，まず最初に，もっとも基本的な設計手法である分割統治法について説明し，分割統治法を用いたいくつかの効率のよいアルゴリズムを紹介する．

　次に，グリーディ法とよばれる手法を説明する．この手法は，人が物事を判断する場合によく用いる方法であり，アルゴリズムの手法としてはいいかげんな（？）方法であるが，問題によってはこの手法で効果的に解を求めることができる．

　最後に，動的計画法とよばれる手法について説明する．この手法は，一度計算した解を記録しておくことにより再計算の手間を省くというものである．この手法を用いて実用的な問題を効率よく解くアルゴリズムを示す．

6.1 分割統治法

6.1.1 分割統治法とは

　まず最初に紹介する分割統治法は，アルゴリズムの設計手法としてはもっとも基本的なもので，現在知られている多くのアルゴリズムで用いられている．この分割統治法は，大雑把にいえば，その名前のとおり，与えられた問題を部分問題に分割して解いたあと，その解を再構成して全体の解を得るという手法である．

　この分割統治法の概念を理解するための直感的な例として，図 6.1 に示すような，自動車を製造する場合を考えてみよう．自動車を製造する場合は，はじめに設計図が作成され，各部品についてその仕様が決定される．次に，各部品について，決められた仕様に基づいて，さまざまな工場で製造が行われる．そして最後に，それらの部品が一つの工場に集められ，製造ラインで組み立てられて自動車が完成する．この自動車の製造例と同様に，分割統治法を用いると，問題を部分問題に分割することによって各部分問題を解くことが容易になり，問題を効率よく解くことができる．

　それでは，この分割統治法をもう少し詳しく説明していこう．分割統治法を用いたア

図 6.1　分割統治法を用いた自動車の製造

ルゴリズムは，以下の分割，統治，組合せという三つのステップで構成されている．

ステップ 1　分割：問題をいくつかの部分問題に分割する．

ステップ 2　統治：分割された部分問題を解く．

ステップ 3　組合せ：ステップ 2 で得られた部分問題の解をもとに，いくつかの計算を行い，問題全体の解を得る．

この三つのステップのうち，統治のステップでは，各部分問題は再帰的に解かれることが多いので，分割統治法のアルゴリズムは，おもに再帰アルゴリズムとして記述される．

実は，3.2.3 項で紹介したアルゴリズム 3.4 は，分割統治法を用いたアルゴリズムのよい例である．もう一度，アルゴリズム 3.4 を見てみよう．

アルゴリズム 3.4（再掲）　和の計算を行う再帰的なアルゴリズム（その 2）

```
def recursive_total2(A):
    n = len(A)
    if n == 1:
        return A[0]
    else:
        A1 = A[0:(n-1) // 2 + 1]      # ---(1)
        A2 = A[(n-1) // 2 + 1:n]      # ---(1)
        x = recursive_total2(A1)      # ---(2)
        y = recursive_total2(A2)      # ---(2)
        return x + y                  # ---(3)
```

アルゴリズム 3.4 は，n 個の数の和を求めるために，入力を $n/2$ 個ずつの二つの集合に分割し，それぞれの集合の和を再帰的に求めたあとに，得られた二つの和を加算するというアルゴリズムである．アルゴリズム 3.4 の (1)，(2)，(3) という番号で表された部分が，分割，統治，組合せの各ステップに対応していることがわかるだろう．

また，前章で出てきたクイックソートも分割統治法を用いている．クイックソートの概要を表すアルゴリズム 5.7 を再度見てみよう．

アルゴリズム 5.7（再掲）**クイックソート**

```
def quicksort(D, left, right):
    if left < right:
        pivot_index = partition(D, left, right)    # ---(1)
        quicksort(D, left, pivot_index - 1)        # ---(2)
        quicksort(D, pivot_index + 1, right)       # ---(2)
```

アルゴリズム 5.7 では，(1), (2) の部分がそれぞれ分割と統治のステップになっている．また，この場合は，(2) の統治のステップにより配列の中身がソート済みの状態になるので，組合せのステップは実行する必要がない．

このように，分割統治法は多くのアルゴリズムで用いられている．以下では，分割統治法を効果的に用いている，二つの代表的なアルゴリズムを紹介する．

6.1.2　大きな整数の掛け算

整数の掛け算の計算はコンピュータにおいて基本的な演算であり，プログラム中で，

```
c = a * b
```

と記述することで簡単に実行できる．しかし，このような記述で実行できる掛け算は，その桁数が限られている．一般に，コンピュータ上で用いられている変数が表すことのできる 2 進数は 32 bit や 64 bit である．たとえば，64 bit の変数では，$-9223372036854775808 \sim 9223372036854775807$ の間の 19 桁以下の整数しか扱うことができない．一般にはこれだけの桁があれば十分だが，暗号理論や数値シミュレーションなどで用いられる整数には 10 進数で 100 桁以上のものもあるため，より大きな整数どうしの掛け算を行うためのアルゴリズムが必要となる．

このような大きな整数の掛け算を行うためのアルゴリズムを考えてみよう．まず，掛け算を行う二つの数 x と y は n 桁とし，各桁ごとに配列 X と Y に逆順に格納されているものとする．たとえば，$x = 1234, y = 5678$ の場合，次のようになる．

```
X[0] = 4,  X[1] = 3,  X[2] = 2,  X[3] = 1,
Y[0] = 8,  Y[1] = 7,  Y[2] = 6,  Y[3] = 5
```

次に，この整数の掛け算 $x \times y$ を，筆算の要領で求める方法を考える．

$$
\begin{array}{r}
1234 \\
\times\ 5678 \\
\hline
9872 \\
8638 \\
7404 \\
6170 \\
\hline
7006652
\end{array}
$$

この筆算の方法では，掛け算を行う各桁について 1 桁ごとの積を求め，その積の和を求

めている．この方法を具体的なアルゴリズムとして記述すると，以下のようになる．

アルゴリズム 6.1　基本的な整数の掛け算

```
X = [4, 3, 2, 1]
Y = [8, 7, 6, 5]
n = len(X)

total = 0
power = 1
for i in range(n):          # xの掛け算を行う桁を変数iで指定する
    s = 0
    p = power
    for j in range(n):      # このfor文でxのi桁目とyの掛け算を計算
        s = s + p * X[i] * Y[j]
        p = p * 10
    total = total + s
    power = power * 10
print(total)
```

出力

```
7006652
```

ただし，このアルゴリズムにおいて，出力は $2n$ 桁の整数であるため，本来なら変数 total はサイズが $2n$ の配列で表すべきであるが，話を簡単にするために一つの変数で表している（サイズが $2n$ の配列としても，アルゴリズムの時間計算量は変わらない）．

このアルゴリズム 6.1 は二重の for 文により構成され，どちらの for 文も n 回の繰り返しを実行するので，このアルゴリズムの時間計算量は $O(n^2)$ である．

それでは，この大きな整数の掛け算を分割統治法により計算する方法について説明しよう．まず，n 桁の整数 x と y を，$n/2$ 桁の整数 x_1, x_2 と y_1, y_2 を用いて，それぞれ以下のように表す．

$$x = x_1 \times 10^{\frac{n}{2}} + x_2, \quad y = y_1 \times 10^{\frac{n}{2}} + y_2$$

たとえば，$x = 1234, y = 5678$ の場合，$x_1 = 12, x_2 = 34, y_1 = 56, y_2 = 78$ である．つまり，x_1, y_1 はそれぞれ x, y の上位 $n/2$ 桁を表し，x_2, y_2 はそれぞれ x, y の下位 $n/2$ 桁を表している．

このとき，$x \times y$ を x_1, x_2, y_1, y_2 を用いて表すと，以下のように変形できる．

$$\begin{aligned}
x \times y &= (x_1 \times 10^{\frac{n}{2}} + x_2) \times (y_1 \times 10^{\frac{n}{2}} + y_2) \\
&= x_1 y_1 \times 10^n + (x_1 y_2 + x_2 y_1) \times 10^{\frac{n}{2}} + x_2 y_2
\end{aligned}$$

この式は，「$x \times y$ という n 桁の整数どうしの掛け算が，$x_1 y_1, x_1 y_2, x_2 y_1, x_2 y_2$ という四つの $n/2$ 桁の整数どうしの掛け算と，それらの足し算によって計算できる」ことを表している（10 のべき乗の計算は桁合わせの計算なので，ここでは掛け算に含めないもの

とする).

それでは, この式をさらに変形して, 掛け算の数を減らしてみよう.

$$x \times y = x_1 y_1 \times 10^n + (x_1 y_2 + x_2 y_1) \times 10^{\frac{n}{2}} + x_2 y_2$$
$$= \underbrace{x_1 y_1}_{a} \times 10^n + (\underbrace{(x_1 + x_2)(y_1 + y_2)}_{b} - (\underbrace{x_1 y_1}_{a} + \underbrace{x_2 y_2}_{c})) \times 10^{\frac{n}{2}} + \underbrace{x_2 y_2}_{c}$$

この式より, 「$x \times y$ という n 桁の整数どうしの掛け算が, $a = x_1 y_1$, $b = (x_1 + x_2)(y_1 + y_2)$, $c = x_2 y_2$ という三つの $n/2$ 桁 (もしくは $n/2 + 1$ 桁) の整数どうしの掛け算と, それらの足し算によって計算できる」ということがわかる.

この事実について, 例を用いて再帰的に考えてみよう. $x = 1234$, $y = 5678$ の場合, 1234×5678 という 4 桁の整数の掛け算は, $a = 12 \times 56$, $b = (12 + 34)(56 + 78)$, $c = 34 \times 78$ という三つの掛け算を用いて, 以下の式で表すことができる.

$$1234 \times 5678$$
$$= \underbrace{12 \times 56}_{a} \times 10^4 + (\underbrace{(12 + 34)(56 + 78)}_{b} - (\underbrace{12 \times 56}_{a} + \underbrace{34 \times 78}_{c})) \times 10^2 + \underbrace{34 \times 78}_{c}$$

次に, この式の中の 12×56 という 2 桁の整数どうしの掛け算は, $a = 1 \times 5$, $b = (1 + 2)(5 + 6)$, $c = 2 \times 6$ という三つの掛け算を用いて, 以下の式で表すことができる.

$$12 \times 56 = \underbrace{1 \times 5}_{a} \times 10^2 + (\underbrace{(1 + 2)(5 + 6)}_{b} - (\underbrace{1 \times 5}_{a} + \underbrace{2 \times 6}_{c})) \times 10^1 + \underbrace{2 \times 6}_{c}$$

同じように, $(12 + 34)(56 + 78)$ および 34×78 という掛け算も, それぞれ三つの掛け算を用いて表すことができる.

したがって, この性質を用いると, 整数の掛け算を求める以下の再帰的なアルゴリズムが得られる. なお, 簡単のため, 以下のアルゴリズムでは n は 2 のべき乗の数だと仮定している (n が 2 のべき乗でない場合は, 配列がちょうど二つに分割できないために細かな修正が必要となるが, 本質的な変更はない).

アルゴリズム 6.2　分割統治法を用いた大きな整数の掛け算

```
def product(X, Y):
    if len(X) == 1:              # X, Yのサイズが1の場合
        return X[0] * Y[0]
    else:                        # X, Yのサイズが1より大きい場合
        X1 = X[len(X) // 2:]     # Xの上位桁  ---(1)
        X2 = X[:len(X) // 2]     # Xの下位桁  ---(1)
        Y1 = Y[len(Y) // 2:]     # Yの上位桁  ---(1)
        Y2 = Y[:len(Y) // 2]     # Yの下位桁  ---(1)
        a = product(X1, Y1)                          # ---(2)
        b = product([x1 + x2 for x1, x2 in zip(X1, X2)], \
```

```
                    [y1 + y2 for y1, y2 in zip(Y1, Y2)])    # ---(2)
        c = product(X2, Y2)                                 # ---(2)
        n = len(X)
        return a * (10 ** n) + (b - (a + c)) * (10 ** (n // 2)) + c    # ---(3)

print(product([4, 3, 2, 1], [8, 7, 6, 5]))
```

出力
7006652

　アルゴリズム 6.2 においては，(1)〜(3) という番号で表された部分が，分割統治法の分割，統治，組合せの各ステップに対応している．

　なお，このアルゴリズムにおいて，X1 + X2 や Y1 + Y2 の計算は，Python における zip 関数を用いたリスト内包表記の形式で実行されている．また，** は Python のべき乗演算子である．詳細については，Python プログラミングの参考文献をあたってほしい．

　それでは，アルゴリズム 6.2 の時間計算量について考えてみよう．まず，配列 X と Y のサイズが n のときの時間計算量を $T(n)$ とおくと，このアルゴリズムは，(1) における定数個の演算，(2) における時間計算量が $T(n/2)$ の三つの再帰呼び出し，(3) における $O(n)$ 個の加算から構成されている．したがって，(1) と (3) に必要な時間計算量を定数 c を用いて cn とおくと，$T(n)$ について以下の式が成り立つ．

$$
T(n) = \begin{cases} \underbrace{3T\left(\dfrac{n}{2}\right)}_{(2)\ \text{再帰呼び出し}} + \underbrace{cn}_{(1),\ (3)} & (n \geq 2 \text{ の場合}) \\[3ex] c & (n = 1 \text{ の場合}) \end{cases}
$$

この式より，アルゴリズムの再帰木は，図 6.2 のようになる．

　ここで，まずこの再帰木の高さを h とおいて，再帰途中の入力サイズに着目して h を求める．再帰を始める前の入力サイズが n であり，再帰木のレベルが一つ増えるごとに入力サイズは 1/2 になるので，再帰木のレベル k における入力サイズは $(1/2)^k n$ で

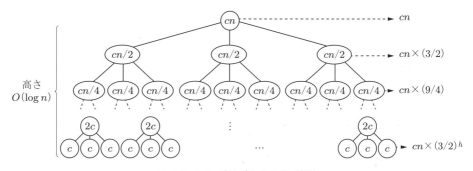

図 6.2　アルゴリズム 6.2 の再帰木

ある．この再帰は入力サイズが 1 になると終了するので，n が 2 のべき乗の数の場合，$(1/2)^{h-1} n = 1$ が成り立ち，アルゴリズム 1.3 の繰り返し回数と同じように解くことができ，$h = 1 + \log_2 n$ となる．

次に，各レベルにおける時間計算量を考える．図 6.2 において，レベルが 0 である根の値は cn であり，レベル 1 の節点の値の和は $3 \times cn/2 = (3/2)cn$ である．同じように考えると，再帰木より，レベル k の節点の値の和は，$(3/2)^k cn$ であることがわかる．アルゴリズム 6.2 の時間計算量 $T(n)$ はすべての節点の値の和であり，木の高さは $h = 1 + \log_2 n$ なので，初項 a，公比 r の等比数列の和の公式 $\sum_{i=0}^{n-1} a \cdot r^i = a(1 - r^n)/(1 - r)$ を用いると，$T(n)$ について，以下の式が成り立つ．

$$
\begin{aligned}
T(n) &= \sum_{i=0}^{\log_2 n} cn \left(\frac{3}{2} \right)^i \\
&= cn \frac{1 - \left(\frac{3}{2} \right)^{1 + \log_2 n}}{1 - \frac{3}{2}} = 2cn \left(\left(\frac{3}{2} \right)^{1 + \log_2 n} - 1 \right) \\
&= 2cn \left(\frac{3}{2} \left(\frac{3^{\log_2 n}}{2^{\log_2 n}} \right) - 1 \right) = 2cn \left(\frac{3}{2n} 3^{\log_2 n} - 1 \right) \\
&= O(3^{\log_2 n}) = O(n^{\log_2 3}) \qquad (\because \log_2 3^{\log_2 n} = \log_2 n \log_2 3 = \log_2 n^{\log_2 3})
\end{aligned}
$$

なお，n が 2 のべき乗の数でない場合も，同様の計算により，$T(n) = O(n^{\log_2 3})$ であることが導かれる．

したがって，アルゴリズム 6.2 の時間計算量は $O(n^{\log_2 3})$ であるが，$\log_2 3 \cong 1.59$ であるので，$O(n^{\log_2 3}) = O(n^{1.59})$ である．この時間計算量をアルゴリズム 6.1 の時間計算量 $O(n^2)$ と比較すると，分割統治法を用いることによって時間計算量が大きく改善されていることがわかる．

● Python コラム 12 （Python における整数の桁数制限）

　Python においては，Python 3 から整数の桁数制限がなくなり，メモリの許すかぎりの桁数を利用できるようになっている．したがって，Python プログラミングにおいては，ここで述べたような工夫をしなくても大きな整数を扱うことが可能である．ただし，Python 内部では，大きな整数のさまざまな計算において，高速化のための工夫を凝らしたアルゴリズムが利用されていることを覚えておいてほしい．

6.1.3　マージソート

　分割統治法を効果的に用いているアルゴリズムのもう一つの例は，ソートアルゴリズムの一つであるマージソートである．マージソートアルゴリズムは，入力のデータを二つに分割し，再帰的にソートを行うという点でクイックソートと似ているが，クイックソートは統治前の分割のステップに重点をおくのに対し，マージソートでは統治後の組合せのステップに重点をおくという違いがある．

　図 6.3 を用いて，分割統治法によるマージソートのアイデアを説明していこう．マージソートでは，まず分割の処理として，図 (a) のように，入力の列をほぼ均等な大きさの二つの列に分割する．次に，統治の処理として，二つに分割された列をそれぞれ再帰的にソートする．この統治の処理により，分割された二つの列は図 (b) のようにソート済みの状態になる．最後に，組合せの処理として，ソート済みの二つの列を一つのソートされた列に併合するというマージ操作を行う．これにより，図 (c) のように，全体としてソートされた列が得られる（マージ操作の実現には工夫が必要だが，その詳細については後述する）．

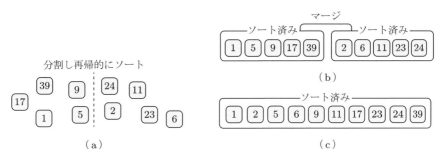

図 6.3　マージソートのアイデア

　このアイデアを手順としてまとめると，以下のようになる（入力データの集合は，$D = \{d_0, d_1, \ldots, d_{n-1}\}$ とする）．

① 集合 D に含まれる要素が一つならば，そのまま何もせずにアルゴリズムを終了する．

② 集合 D に含まれるすべてのデータを，

$$D_1 = \{d_0, d_1, \ldots, d_{\lfloor \frac{n-1}{2} \rfloor}\}, \quad D_2 = \{d_{\lfloor \frac{n-1}{2} \rfloor + 1}, d_{\lfloor \frac{n-1}{2} \rfloor + 2}, \ldots, d_{n-1}\}$$

という二つの集合に分割する．

③ 集合 D_1 と集合 D_2 をそれぞれ再帰的にソートする（再帰的なソート終了時には，集合 D_1 と集合 D_2 はソート済みの列である）．

④ マージ操作により，D_1 と D_2 から一つのソート済みの列を求める．

　このマージソートの実行の様子を表す再帰木を図 6.4 に示す．図 (a) は，入力データが再帰的に分割される様子を表している．図 (b) は，分割されたデータがマージ操作により順番に組み合わされる様子を表している．なお，この再帰木の各節点に含まれるデータは，再帰途中でのデータを表している．

　それでは，マージソートの詳細を説明する．マージソートの入力は，ほかのソートアルゴリズムと同様に配列 D[0], D[1], ..., D[n-1] で与えられるものとし，二つのソート済みの列をマージする操作は，関数 merge として実現されるものとする．この関数 merge の詳細はあとで述べる．ここでは，その入出力のみを簡単に説明する．

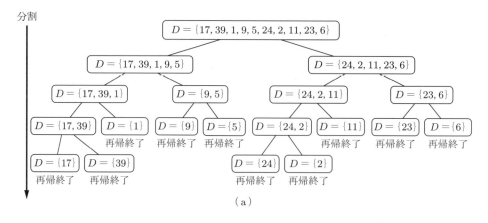

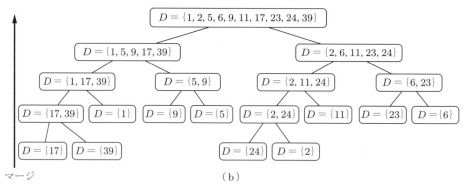

図 6.4　マージソートの再帰木

　図 6.5 に，関数 merge の入出力例を示す．関数 merge は入力として，配列 D と，三つ
の変数 left, mid, right を引数にもつ．ここで，left, mid, right という変数は，配
列 D の D[left], D[left+1], ..., D[mid] と D[mid+1], D[mid+2], ..., D[right] と
いう部分が，マージの対象となるソート済みの二つの列であることを表し，関数 merge
は，出力として，上記の二つの列がマージされたソート済みの列を，配列 D の D[left],
D[left+1], ..., D[right] に格納する．

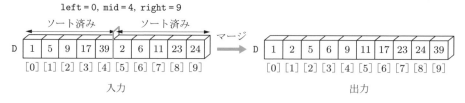

図 6.5　関数 merge の入出力

　このような関数 merge が実現できれば，上記の手順に基づき，マージソートは以下の
ように関数 mergesort として実現できる．この関数 mergesort は，配列 D と left,
right という二つの変数を入力とする．left および right という変数は，配列 D の
D[left], D[left+1], ..., D[right] という部分が，関数 mergesort の入力であるこ

とを表している.

アルゴリズム 6.3　マージソート

```
def merge(D, left, mid, right):
#
# 関数mergeの詳細については，アルゴリズム6.4で説明する
#

def mergesort(D, left, right):
    mid = (left + right) // 2          # ---(1)
    if left < mid:
        mergesort(D, left, mid)        # ---(2)
    if mid + 1 < right:
        mergesort(D, mid + 1, right)   # ---(2)
    merge(D, left, mid, right)         # ---(3)

D = [17, 39, 1, 9, 5, 24, 2, 11, 23, 6]
mergesort(D, 0, len(D) - 1)
print(D)
```

出力
```
[1, 2, 5, 6, 9, 11, 17, 23, 24, 39]
```

　アルゴリズム 6.3 は，(1), (2), (3) という番号で表された部分が，分割統治法の分割,
統治，組合せの各ステップと非常にきれいに対応している.

　それでは，関数 merge の詳細について説明しよう．二つのソート列をマージして一
つのソート列にする関数 merge は，以下の手順により実現できる.

① マージ後のソート列を入れる配列 M を用意する.

② 一つ目のソート済みの列の最小のデータと，二つ目のソート済みの列の最小の
　 データを比較する.

③ ②の比較において小さいほうのデータをソート済みの列から削除し，配列 M に
　 格納する.

④ ②, ③の操作を，どちらかのソート済みの列が空になるまで繰り返す.

⑤ 残ったソート済みの列のデータをすべて配列 M に格納する.

⑥ 配列 M のデータをすべて配列 D にコピーする.

　この関数 merge の実行例を図 6.6 に示す．この例では，left = 0, mid = 4,
right = 9 となっている．まず，図 (a) のように，手順①により空の配列 M を準備
し，手順②により D[left] = D[0] と D[mid+1] = D[5] を比較する．次に，手順③
により，小さいほうのデータである D[0] に格納されているデータを配列 M の先頭に格
納すると，図 (b) のようになる．この操作を手順④に従って繰り返すと，図 (c) のよう

にどちらかのソート済みの列が空になるので，手順⑤により，残ったデータを配列 M に格納する．最後に，手順⑥により，図 (d) のように配列 M の全体を配列 D にコピーすると，マージ操作は終了となる．

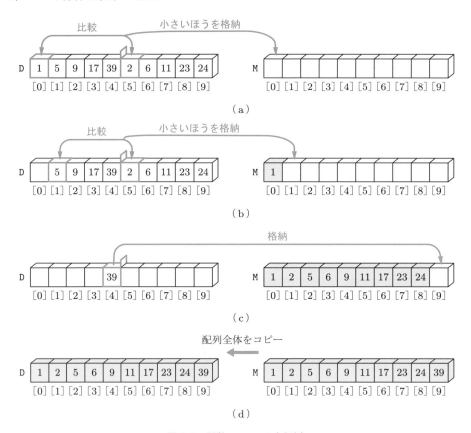

図 6.6　関数 merge の実行例

上記の手順に基づいた関数 merge のアルゴリズムを以下に示す．なお，以下のアルゴリズムでは，上記手順の②～⑤をまとめて一つの for 文で実現している．

アルゴリズム 6.4　**関数 merge**

```python
def merge(D, left, mid, right):
    x = left
    y = mid + 1
    M = []
    for i in range(right - left + 1):
        if x == mid + 1:          # 左のソート列が空の場合
            M.append(D[y])
            y = y + 1
        elif y == right + 1:      # 右のソート列が空の場合
            M.append(D[x])
            x = x + 1
```

```
        elif D[x] <= D[y]:        # 左のソート列の最小値が小さい場合
            M.append(D[x])
            x = x + 1
        else:                     # 右のソート列の最小値が小さい場合
            M.append(D[y])
            y = y + 1
    for i in range(left, right + 1):    # 配列Mを配列Dにコピー
        D[i] = M[i - left]
```

以上により，マージソートを実行するアルゴリズムが完成した．最後に，時間計算量を考えてみよう．まず，アルゴリズム 6.4 の関数 merge の時間計算量から考える．このアルゴリズムは，入力配列のサイズが n の場合，for 文による n 回の繰り返しで構成されており，繰り返しの処理は 1 回が $O(1)$ 時間で実行できるので，時間計算量は $O(n)$ であることがわかる．

次に，マージソートを実行するアルゴリズム 6.3 の時間計算量を考える．入力配列のサイズが n である場合の時間計算量を $T(n)$ とおくと，アルゴリズム 6.3 より，$T(n)$ は以下の式で表すことができる．

$$T(n) = \underbrace{T\left(\frac{n}{2}\right)}_{\text{左の部分の再帰}} + \underbrace{T\left(\frac{n}{2}\right)}_{\text{右の部分の再帰}} + \underbrace{cn}_{\text{mid の計算と関数 merge の実行}}$$

この式は 6.1 節のクイックソートの最良時間計算量の式と同じであるので，同じように計算することができ，$T(n) = O(n \log n)$ となる．したがって，マージソートの時間計算量は $O(n \log n)$ である．

なお，マージソートはどのような入力に対してもほぼ同じ動作をするので，最良時間計算量も最悪時間計算量も等しく $O(n \log n)$ である．また，マージソートは，関数 merge の実現方法に気をつければ，安定なソートアルゴリズムとして実現できる．

6.2　グリーディ法

6.2.1　グリーディ法とは

この節で紹介するグリーディ法†は，アルゴリズムの手法としては珍しく，直感的に理解しやすい手法である．この手法は「アルゴリズムの実行途中において全体的なことは考えず，その場面で最善と思われる選択をする」という考え方に基づいており，人もしばしば同様の行動をとるので，理解しやすく感じられるのだろう．

グリーディ法のアイデアの具体例として，人が車を運転する場合の道の選び方が挙げられる．A 地点から B 地点まで車を運転しなければならない場合，ある人は事前にス

---

†　グリーディ (greedy) とは，英語で「食いしんぼうの，欲張りな」といった意味を表す形容詞であり，グリーディ法は貪欲法とよばれることもある．

マートフォンの地図アプリで通る道を決めてからその道に沿って運転し，ある人は車に
カーナビを装着して，カーナビにより計算された最短経路に従って道を選んで運転す
る．しかし，世の中には図 6.7 のように，「道路上の案内標識で B 地点のだいたいの方
向がわかるから，その方向に向かって運転すればよい」と，地図アプリもカーナビも使
わずに運転を始めるめんどくさがりな人もいる．このめんどくさがりな人の運転
が，グリーディ法の「全体的なことは考えず，その場面で最善と思われる選択をする」
というアイデアに基づいた道の選び方である．実際に，このような方法で道を選んで運
転しても，多くの場合はきちんと A 地点から B 地点まで運転ができるので，地図アプ
リを使って道を調べたりカーナビに目的地を入力したりする手間を考えれば，かなりう
まい運転方法であるといえる．ただし，案内標識がなかったり間違っていたりすると，
無事に目的地にたどり着けるという保証はない．

図 6.7 グリーディ法のアイデアによる車の運転

このように，問題によっては，グリーディ法で正しい解が求められるとは限らない
が，グリーディ法によりつねに正しい解が得られる問題もある．そのような問題の例と
して，以下の問題を考えてみよう．

問題 6.1 コインの組み合わせ問題

100 円，50 円，10 円，5 円，1 円の硬貨がそれぞれ十分大量にあるものとする．この硬貨
を用いて，整数 x が与えられたときに，最小の枚数で合計が x 円となるような組合せを求
めよ．

たとえば，入力として $x = 138$ が与えられたとすると，この問題の解は，

$$138\,円 = 100\,円 \times 1 + 50\,円 \times 0 + 10\,円 \times 3 + 5\,円 \times 1 + 1\,円 \times 3$$

という 8 枚の硬貨の組合せである．

この問題は，買い物での支払いなど日常で頻繁にある状況であり，どんな x が与えら
れても，誰もが簡単にこの問題を解くことができる．なぜなら，x が与えられたときに
以下のようなアルゴリズムを頭の中で実行するだけでよいからである．

① x 円を超えないように 100 円硬貨でできるだけ支払う．
② 残りの金額に対して，50 円硬貨でできるだけ支払う．

③ 残りの金額に対して，10 円硬貨でできるだけ支払う．

④ 残りの金額に対して，5 円硬貨でできるだけ支払う．

⑤ 残りの金額に対して，1 円硬貨ですべて支払う．

このアルゴリズムは，「アルゴリズムの実行途中において全体的なことは考えず，使用できる硬貨のうち金額のもっとも高いものを選択して支払う」という方針なので，グリーディ法であるといえる．また，このアルゴリズムによってつねに枚数最小の硬貨の組合せが得られるということも体験上理解できるだろう（枚数最小の組合せが得られることを理論的に証明することも可能だが，ここでは省略する）．

ただし，このグリーディ法は，どのような硬貨の組合せに対しても枚数最小の組合せが得られるわけではない．たとえば，仮想的に 50 円，40 円，1 円の 3 種類の硬貨があるとして，この場合に 120 円を表す組合せを考える．先ほどのグリーディ法のアルゴリズムで得られる組合せは，120 円 = 50 円 × 2 + 40 円 × 0 + 1 円 × 20 であるが，最適な硬貨の組合せは，明らかに 120 円 = 50 円 × 0 + 40 円 × 3 + 1 円 × 0 である．このように，グリーディ法によってつねに正しい解が得られるわけではないことは覚えておいてほしい．

6.2.2 ナップサック問題への適用

次に，グリーディ法によるアルゴリズムのもう少し複雑な例として，以下のナップサック問題を考える．

> **問題 6.2　ナップサック問題**
>
> 0 から $n-1$ までの番号の付いた n 個の荷物 $\{p_0, p_1, \cdots, p_{n-1}\}$ があり，荷物 p_i の重さと価値がそれぞれ w_i, v_i であるとする．また，荷物を入れるナップサックがあり，このナップサックには，重さの和が c までならいくらでも荷物を入れられるものとする．このとき，ナップサックの中の荷物の価値の和が最大になるような荷物の組合せを求めよ．

この問題におけるナップサックを，宅配便のトラックや貨物輸送を行う航空機だと考えると，どれだけの価値をもった荷物を一度に運ぶことができるかという一般的な問題となり，ナップサック問題が実用的な問題であることがわかるだろう．なお，ここでは，荷物 p_i の重さと価値を表す w_i と v_i は，すべて 0 より大きい値だと仮定しておく．

荷物 p_i をナップサックに入れるか入れないかを x_i という変数で表す場合，このナップサック問題は以下のような式で表すことができる．

$$\text{価値の総和}: \quad \sum_{i=0}^{n-1} x_i v_i \ \rightarrow \ \text{最大}$$

$$\text{重さの制約条件}: \quad \sum_{i=0}^{n-1} x_i w_i \leq c$$

　この式において，各変数 x_i は 0 以上 1 以下の値をとる．$x_i = 0$ は荷物 p_i をナップサックに入れないことを表し，$x_i = 1$ は荷物 p_i をナップサックに入れることを表している．また，$x_i = 1/2$ は，荷物 p_i を半分だけナップサックに入れることを表す．つまり，上記の式で表されるナップサック問題を解くということは，重さの制約条件を満たしつつ，価値の総和を最大にする変数 $x_0, x_1, \ldots, x_{n-1}$ の割り当てを決めるということである．

　このナップサック問題は，与えられた荷物を分割できるかどうかで二つの種類に分けられる．ここでは，荷物が分割できると考える場合，つまり，各変数 x_i が 0 以上 1 以下である場合のナップサック問題を分割ナップサック問題とよぶ．また，荷物が分割できないと考える場合，つまり，各変数 x_i が 0 または 1 である場合のナップサック問題は 0–1 ナップサック問題とよぶ．

　それでは，ナップサック問題の例を考えてみよう．表 6.1 に示す 4 種類のコーヒー豆が売られているものとする（価格は 1 kg あたりの値段ではなく，それぞれのコーヒー豆全部の値段である）．また，ナップサックの容量を 5 kg とする．

表 6.1　ナップサック問題の問題例 1

荷物	種類	重さ [kg]	価格 [円]
p_0	モカ	2	2000
p_1	キリマンジャロ	1	3000
p_2	コロンビア	4	3000
p_3	ブレンド	5	4000

　この問題の入力を式で表すと，以下のようになる．

$$w_0 = 2, \quad w_1 = 1, \quad w_2 = 4, \quad w_3 = 5,$$
$$v_0 = 2000, \quad v_1 = 3000, \quad v_2 = 3000, \quad v_3 = 4000,$$
$$c = 5$$

　この問題を分割ナップサック問題とした場合，価値が最大となる解は，

$$x_0 = 1, \quad x_1 = 1, \quad x_2 = 0, \quad x_3 = 0.4$$

である．つまり，モカとキリマンジャロをすべて，ブレンドを 2/5 だけナップサックに入れた場合にもっとも価値が高くなる．価値の和は，$2000 + 3000 + 0.4 \times 4000 = 6600$ 円である．

　次に，この問題を 0–1 ナップサック問題だと考えた場合の解は，

$$x_0 = 0, \quad x_1 = 1, \quad x_2 = 1, \quad x_3 = 0$$

である．キリマンジャロとコロンビアをナップサックに入れた場合にもっとも価値が高くなり，価値の和は $3000 + 3000 = 6000$ 円である．

それでは，この問題を分割ナップサック問題と仮定して，グリーディ法で解くアルゴリズムを考えてみよう．単純に考えると，「価格の高いものから順にナップサックに入れる」とか，「重さの軽いものからナップサックに入れる」などのグリーディ法が考えられるが，この問題では，これらの方法では，もっとも価値が高い解は得られない．

実は，分割ナップサック問題については，「単位重さあたりの価値 v_i/w_i が大きい順にナップサックに入れる」というグリーディ法を用いれば，もっとも価値が高くなる解が得られることが証明されている．この証明の詳細については省略するが，前述の例について，この方法を用いればもっとも価値が高くなる解が求められるということを検証してみよう．まず，すべてのコーヒー豆について単位重さあたりの価値を計算すると，以下のようになる．

$$\frac{v_0}{w_0} = 1000, \quad \frac{v_1}{w_1} = 3000, \quad \frac{v_2}{w_2} = 750, \quad \frac{v_3}{w_3} = 800$$

よって，コーヒー豆を $2 \to 1 \to 4 \to 3$ の順に詰めていくと，2番目のキリマンジャロと1番目のモカはすべて入り，4番目のブレンドが $2\,\mathrm{kg}$ だけ入るので，前述のような，価値が最大となる解 $x_0 = 1, x_1 = 1, x_2 = 0, x_3 = 0.4$ が得られる．

このグリーディ法を用いたアルゴリズムを一般の入力に対して適用できるようにまとめると，以下のようになる．なお，荷物 p_i の重さ w_i と価値 v_i は，それぞれ配列の W[i] と V[i] に格納されているものとする．

アルゴリズム 6.5　分割ナップサック問題を解くグリーディ法によるアルゴリズム

```
W = [2, 1, 4, 5]
V = [2000, 3000, 3000, 4000]
C = 5
n = len(W)      # nは荷物の個数

VPW = []        # VPWには単位重さあたりの価値と荷物番号のペアを格納
for i in range(n):
    VPW.append([V[i] / W[i], i])      # 単位重さあたりの価値に荷物番号を付加して保存

VPW.sort(reverse = True)              # 単位重さあたりの価値の降順でソート
print(VPW)      # 単位重さあたりの価値と荷物番号のソート結果を出力

X = [0 for _ in range(n)]     # 配列X[0]～X[n-1]を0で初期化

j = 0
total = 0
while total < C:
    vpw, k = VPW[j]           # VPW[j]=[V[k]/W[k], k]を満たす荷物番号kを得る
    if W[k] <= C - total:
        X[k] = 1
        total = total + W[k]
    else:
```

```
        X[k] = (C - total) / W[k]
        total = C
    j = j + 1

print(X)
```

出力

```
[[3000.0, 1], [1000.0, 0], [800.0, 3], [750.0, 2]]
[1, 1, 0, 0.4]
```

　アルゴリズム 6.5 では，sort 関数で reverse = True と指定することにより，単位重さあたりの価値で降順ソートを行っている．

　それでは，アルゴリズム 6.5 の時間計算量を考えてみよう．アルゴリズムの最初の for 文と最後の while 文は，$O(n)$ 時間で実行できることが明らかである．また，配列 VPW のソートに用いている Python の sort 関数は，第 5 章のコラムで紹介したとおり，$O(n \log n)$ 時間で実行できる．したがって，このアルゴリズムの時間計算量は $O(n + n \log n) = O(n \log n)$ である．

　このように，荷物が n 個の分割ナップサック問題は $O(n \log n)$ 時間で解くことができる．しかし，同じ入力の 0–1 ナップサック問題については，グリーディ法を用いたアルゴリズムではもっとも価値の高い解を得ることができない．0–1 ナップサック問題に対する効率のよい解の求め方については，別の手法によるアルゴリズムがあるので，以下で説明していく．

6.3　動的計画法

6.3.1　動的計画法とは

　この節で紹介する動的計画法は，「問題をいくつかの部分問題に分割して解く」という面において，分割統治法と似ている手法である．しかし，分割統治法では一般に部分問題が単純に再帰的に解かれるのに対して，動的計画法では，「一度解を求めた部分問題についてはその解を記録しておき，同じ部分問題が出てきたときには記録しておいた解を再利用する」というアイデアを用いる．これにより，同じ部分問題を再度解くための時間が節約でき，アルゴリズム全体の時間計算量を少なくできる．

　この動的計画法の考え方を直感的に理解するために，グリーディ法の場合と同じく，人が車を運転する場合の道の選び方を考えてみよう．A 地点から B 地点まで車を運転する場合，その経路を運転したことがなければ，地図アプリで調べたり，カーナビで道を検索したり，グリーディ法で道を選んだりと，なんらかの方法でどの道を通るかを決めなければならない．しかし，図 6.8 のように，その経路を以前に通ったことがある人がいれば，その人に A 地点から B 地点までの道を聞くことによって，道を調べること

図 6.8　動的計画法のアイデアによる車の運転

なく運転することができるだろう．もちろん，その経路を以前に通ったことがある人
は，最初にその経路を通るときには道を調べたはずであり，その人の調べた結果が記憶
として残っているので，その結果を再利用することができるというわけである．

　動的計画法のアイデアを具体的に理解するために，非常に簡単な例として，数のべき
乗を求めるアルゴリズムについて考えてみよう．たとえば，x の n 乗である x^n は，以
下のような，for 文を用いて掛け算を n 回実行する基本的なアルゴリズムで求めること
ができる．

アルゴリズム 6.6　べき乗を求める基本的なアルゴリズム

```
x = 2
n = 16

p = 1
for i in range(n):
    p = p * x
print(f'{x}の{n}乗は{p}')
```

出力
2の16乗は65536

　この単純なアルゴリズムは n 回の繰り返しを行う for 文により構成されているので，
その時間計算量は $O(n)$ である．

　次に，このべき乗 x^n を動的計画法を用いて計算してみよう．べき乗 x^n は，簡単な
式変形により，以下のように表すことができる．

$$x^n = \begin{cases} x^{\frac{n}{2}} \times x^{\frac{n}{2}} & （n \text{ が偶数の場合}） \\ x \times x^{\frac{n-1}{2}} \times x^{\frac{n-1}{2}} & （n \text{ が奇数の場合}） \end{cases}$$

この式に基づくと，べき乗 x^n の計算は，$x^{\frac{n}{2}}$ もしくは $x^{\frac{n-1}{2}}$ の再帰的な計算により求め
られることがわかる．

　このアイデアに基づき分割統治法のアルゴリズムを作ることは簡単だが，そのまま再
帰アルゴリズムとすると，$x^{\frac{n}{2}}$ もしくは $x^{\frac{n-1}{2}}$ を再帰的に 2 回計算する必要がある．そ

こで，「一度解を求めた部分問題についてはその解を記録しておき，同じ部分問題が出てきたときには記録しておいた解を再利用する」という動的計画法の方針を加えて，計算した $x^{\frac{n}{2}}$ もしくは $x^{\frac{n-1}{2}}$ の値を変数に記録することにすると，以下のようなアルゴリズムが得られる．

アルゴリズム 6.7　べき乗を求める動的計画法を用いたアルゴリズム

```python
def power(x, n):
    if n == 1:
        return x
    if n % 2 == 0:
        pw = power(x, n / 2)
        return pw * pw
    else:
        pw = power(x, (n - 1) / 2)
        return x * pw * pw


x = 2
n = 16
p = power(x, n)
print(f'{x}の{n}乗は{p}')
```

アルゴリズム 6.7 の時間計算量を考えると，入力サイズが n の場合の時間計算量を $T(n)$ とおいた場合，$T(n)$ は以下の式で表すことができる．

$$
T(n) = \begin{cases}
\underbrace{T\left(\dfrac{n}{2}\right)}_{\text{power(x,n/2) の計算}} + c & (n \text{ が } 2 \text{ 以上の偶数の場合}) \\[3em]
\underbrace{T\left(\dfrac{n-1}{2}\right)}_{\text{power(x,(n-1)/2) の計算}} + c & (n \text{ が } 3 \text{ 以上の奇数の場合}) \\[3em]
c & (n = 1 \text{ の場合})
\end{cases}
$$

この式より，$n \geq 2$ に対して，

$$
T(n) \leq T\left(\frac{n}{2}\right) + c = T\left(\frac{n}{4}\right) + c + c = \cdots = \underbrace{c + c + \cdots + c}_{\log_2 n \text{ 個}}
$$

であり，$T(n) = O(\log n)$ であることがわかる．

6.3.2　ナップサック問題への適用

前述のように，動的計画法を用いて再計算の手間を省けば，問題によっては時間計算量を大きく改善することが可能である．ただし，一般の問題に対しては，どのように問題を部分問題に分割し，どのような順番で解を記録して再計算の手間を減らすかという

点で工夫しなければ，動的計画法を適用できない．ここでは，前述の 0–1 ナップサック問題に対して動的計画法を適用し，時間計算量を改善する方法について考えてみよう．

まず，動的計画法を用いない，非常に簡単なアルゴリズムから考えていく．0–1 ナップサック問題は，n 個の分割できない荷物の重さと価値，およびナップサックの容量が入力として与えられ，これに対して，ナップサックの中の荷物の価値の和が最大になるような荷物の組合せを求める問題であった．この問題について，荷物 p_i をナップサックに入れることを $x_i = 1$，入れないことを $x_i = 0$ として表すと，ナップサックへの荷物の入れ方は $(x_0, x_1, \ldots, x_{n-1})$ という n 個の変数で表すことができる．たとえば，表 6.1 のコーヒー豆の問題例では，四つの変数に割り当てられる値は，以下の 16 通りのいずれかである．

$$(0,0,0,0),\ (0,0,0,1),\ (0,0,1,0),\ (0,0,1,1),\ (0,1,0,0),\ (0,1,0,1),$$
$$(0,1,1,0),\ (0,1,1,1),\ (1,0,0,0),\ (1,0,0,1),\ (1,0,1,0),\ (1,0,1,1),$$
$$(1,1,0,0),\ (1,1,0,1),\ (1,1,1,0),\ (1,1,1,1)$$

このように，n 個の荷物がある場合，ナップサックへの荷物の入れ方は 2^n 通り存在する．この 2^n 通りの入れ方それぞれについて，ナップサックに入る荷物の重さの和と価値の和を計算し，重さがナップサックの容量を満たしつつ価値が最大になる割り当てを探せば，0–1 ナップサック問題を解くことができる．この考え方で作成したアルゴリズムは以下のとおりとなる．

アルゴリズム 6.8　0–1 ナップサック問題を解く基本的なアルゴリズム

```python
from itertools import product

W = [2, 1, 4, 5]
V = [2000, 3000, 3000, 4000]
C = 5
n = len(W)     # nは荷物の個数

Z = list(product([0,1], repeat = n))     # 2^n個の変数割り当てを作成
print(Z)     # すべての変数割り当てを出力

vmax = 0
for z in Z:     # ループ回数は2^n
    wsum = 0
    vsum = 0
    for i in range(n):
        wsum = wsum + z[i] * W[i]
        vsum = vsum + z[i] * V[i]
    if wsum <= C and vsum > vmax:
        vmax = vsum
        X = z

print(f'荷物の入れ方は{X}，価値は{vmax}')
```

なお，このアルゴリズム 6.8 では，Python の itertools モジュールに含まれる product 関数を用いて 2^n 個の変数割り当てを生成しており，各変数割り当ては，Python のデータ型の一つであるタプルを用いて格納されている（product 関数やタプルの詳細については，Python プログラミングの参考文献を参照してほしい）．

それでは，このアルゴリズム 6.8 の時間計算量を検証してみよう．このアルゴリズムには 2^n 回の繰り返しを行う for 文と，それに含まれる n 回の繰り返しを行う for 文があり，この部分の時間計算量は $O(n \times 2^n) = O(n2^n)$ である．また，2^n 個の変数割り当ての作成にも $O(n2^n)$ の時間計算量が必要である．したがって，アルゴリズムの時間計算量は $O(n2^n)$ である．

動的計画法を用いずに 0–1 ナップサック問題を解くこのアルゴリズム 6.8 は，その考え方は簡単で，プログラムとして実現しやすいのだが，時間計算量が $O(n2^n)$ であり，n が大きくなると，人間が生きられる年月では計算が終わらない．そこで，実行時間の短縮を図るために，以下では，動的計画法を用いて 0–1 ナップサック問題を解くアルゴリズムを紹介する．ただし，あとで述べるように，この動的計画法を用いたアルゴリズムは，荷物の重さやナップサックの容量が整数で表されるときしか利用できない．

まず，0–1 ナップサック問題をどのように部分問題に分割するかということについて説明する．0–1 ナップサック問題は，0 から $n-1$ までの番号の付いた n 個の荷物 $p_0, p_1, \cdots, p_{n-1}$ をナップサックに入れる場合の問題であるが，最初の部分問題として，荷物 p_0 しかないとした場合を考える．この場合，荷物が一つしかないので，荷物を入れる場合と入れない場合の 2 通りについて計算すれば，簡単に解を求めることができる．

次に，荷物が p_0 と p_1 の二つしかない場合を考える．この場合，荷物が p_0 しかない場合は先ほど計算したので，荷物 p_1 を追加することを考えるだけでよい．ただし，荷物 p_0 のみの場合でもその部分問題は 2 通りに分けられ，追加する荷物 p_1 についても入れる場合と入れない場合の 2 通りが考えられるので，そのまま追加して計算を行うと，全体として $2 \times 2 = 4$ 通りの解を考えなければならない．したがって，この方法で考えていくと，アルゴリズム全体の時間計算量はアルゴリズム 6.8 と同じになり，時間計算量の改善はできない．

そこで，動的計画法の考え方に基づいて，以下の改良を施す．

- ナップサックに入れられる荷物の重さの和ごとに，部分問題の解を記録する．
- 計算済みの各荷物の重さの和を表に記録し，追加した荷物の重さの和を計算する

場合に，記録済みの表の値を利用する．

この改良点を具体的に理解するために，例を用いて考えてみよう．問題例として表 6.1 を入力として，アルゴリズムの手順を説明していく．最初に，荷物 p_0 のみをナップサックに入れる場合と入れない場合を考える．このとき，

入れない場合$(x_0 = 0)$：重さの和 $= 0$，価値の和 $= 0$
入れる場合$(x_0 = 1)$：重さの和 $= 2$，価値の和 $= 2000$

である．この結果を，横軸を重さとした表に格納する．たとえば，「重さの和 $= 0$，価値の和 $= 0$」という結果は，重さが 0 の列に格納する．各格納場所の左には価値の和（この場合は 0）を記録し，右にはその価値と重さを与える荷物の集合（この場合は空集合を表す ϕ という記号）を記録する．「重さの和 $= 2$，価値の和 $= 2000$」という結果も同じように記録され，次のような表になる．

	0	1	2	3	4	5
p_0	$(0, \phi)$		$(2000, \{p_0\})$			

次に，この表の空欄を埋めていこう．表の空欄は，その荷物だけではぴったりその重さとなる荷物の組合せはないことを表している．この場合，その重さ未満となる組合せが 0–1 ナップサック問題の解となる．したがって，この表を左から右へ見ていき，空欄は左側の値で埋めていくようにすると，以下の表が得られる．

	0	1	2	3	4	5
p_0	$(0, \phi)$	$(0, \phi)$	$(2000, \{p_0\})$	$(2000, \{p_0\})$	$(2000, \{p_0\})$	$(2000, \{p_0\})$

続いて，荷物 p_1 を入力に追加して問題を考えよう．このとき，0–1 ナップサック問題について，以下の重要な性質が成り立つことに着目する．

◆ 性質 6.1

0–1 ナップサック問題において，荷物 p_i を追加してその重さの和が w となる解は，以下の二つの荷物の入れ方のうち価値が高いほうである．

① 荷物 $p_0 \sim p_{i-1}$ のみで重さの和が w となる入れ方
② 荷物 $p_0 \sim p_{i-1}$ のみで重さの和が $w - w_i$ である入れ方に，荷物 p_i を加えたときの入れ方

この性質を使って，荷物 p_0 と p_1 を使う場合の部分問題を解いていこう．具体的には，以下の表の $V_0 \sim V_5$，および $P_0 \sim P_5$ を求めることになる．

	0	1	2	3	4	5
p_0	$(0, \phi)$	$(0, \phi)$	$(2000, \{p_0\})$	$(2000, \{p_0\})$	$(2000, \{p_0\})$	$(2000, \{p_0\})$
p_1	(V_0, P_0)	(V_1, P_1)	(V_2, P_2)	(V_3, P_3)	(V_4, P_4)	(V_5, P_5)

　たとえば，荷物 p_1（重さ $w_1 = 1$）を入力に追加して重さが2となる解（表の V_2 と P_2）を考える．このときの解は，性質6.1より，以下の2通りのうち価値が高いほうである．

　　① 荷物 p_0 のみで重さの和が2となる入れ方
　　② 荷物 p_0 のみで重さの和が $2-1 = 1$ である入れ方に，荷物 p_1 を加える入れ方

いま，①の入れ方は，表の1行目の左から3番目の格納場所に $(2000, \{p_0\})$ として記録されている．また，②の入れ方は，表の1行目の左から2番目の格納場所に $(0, \phi)$ として記録されている入れ方に，荷物 p_1 を加えることで求められる．荷物 p_1 の価値は $v_1 = 3000$ なので，それぞれの場合の価値は，①が2000，②が $0 + 3000 = 3000$ となり，このときの価値が高い入れ方は②のほうであることがわかる．したがって，荷物 p_1 を入力に追加して重さが2となる解として，$V_2 = 3000$ と $P_2 = \{p_1\}$ を表に記入する．

　同じようにして，2番目の荷物を入力に追加して重さが3となる解（表の V_3 と P_3）を考える．このとき，①の入れ方は，表の1行目の左から4番目の格納場所に $(2000, \{p_0\})$ として記録されている．また，②の入れ方は，表の1行目の左から3番目の格納場所に $(2000, \{p_0\})$ として記録されている入れ方に，2番目の荷物を加えることで求められる．したがって，それぞれの場合の価値は，①が2000，②が $2000 + 3000 = 5000$ となり，このときの解も②の入れ方であることがわかるので，$V_3 = 5000$ と $P_3 = \{p_0, p_1\}$ を表に記録する．

　このような計算をすべての荷物に対して繰り返すことで，表の2〜4行目を作成することができ，最終的には以下のような表が得られる．

	0	1	2	3	4	5
p_0	$(0, \phi)$	$(0, \phi)$	$(2000, \{p_0\})$	$(2000, \{p_0\})$	$(2000, \{p_0\})$	$(2000, \{p_0\})$
p_1	$(0, \phi)$	$(3000, \{p_1\})$	$(3000, \{p_1\})$	$(5000, \{p_0, p_1\})$	$(5000, \{p_0, p_1\})$	$(5000, \{p_0, p_1\})$
p_2	$(0, \phi)$	$(3000, \{p_1\})$	$(3000, \{p_1\})$	$(5000, \{p_0, p_1\})$	$(5000, \{p_0, p_1\})$	$(6000, \{p_1, p_2\})$
p_3	$(0, \phi)$	$(3000, \{p_1\})$	$(3000, \{p_1\})$	$(5000, \{p_0, p_1\})$	$(5000, \{p_0, p_1\})$	$(6000, \{p_1, p_2\})$

この表において，求めたい0–1ナップサック問題の解は，表の一番右下に記録されている．この場合は，荷物 p_1, p_2 を入れて価値の和が6000になる組合せが解であるとわかる．

　これらの手順をまとめたアルゴリズムを以下に示す．このアルゴリズムでは，表は2次元配列 T によって表現されており，T[i][j] は表の i 行 j 列目を表すものとする．ま

た，表の各項目のデータは，タプルを用いて格納されている．

アルゴリズム 6.9　0–1 ナップサック問題を解く動的計画法を用いたアルゴリズム

```
W = [2, 1, 4, 5]
V = [2000, 3000, 3000, 4000]
C = 5
n = len(W)

T = [[(0, []) for _ in range(C + 1)] for _ in range(n)]

# 表を表す2次元リストTを準備し，表のすべての項目を(0,φ)を表す(0,[])で初期化する

for j in range(W[0], C + 1):      # 表の最初の行の計算
    T[0][j] = (V[0], [0])

for i in range(1, n):             # 表の2行目以降の計算
    for j in range(1, C + 1):
        if j >= W[i]:
            v1, p1 = T[i - 1][j]
            v2, p2 = T[i - 1][j - W[i]]
            if v1 > v2 + V[i]:       # 性質6.1に基づく比較
                T[i][j] = (v1, p1)
            else:
                T[i][j] = (v2 + V[i], p2 + [i])
        else:
            T[i][j] = T[i - 1][j]

for t in T:
    print(t)
```

出力
```
[(0, []), (0, []), (2000, [0]), (2000, [0]), (2000, [0]), (2000, [0])]
[(0, []), (3000, [1]), (3000, [1]), (5000, [0, 1]), (5000, [0, 1]), (5000, [0, 1])]
[(0, []), (3000, [1]), (3000, [1]), (5000, [0, 1]), (5000, [0, 1]), (6000, [1, 2])]
[(0, []), (3000, [1]), (3000, [1]), (5000, [0, 1]), (5000, [0, 1]), (6000, [1, 2])]
```

最後に，アルゴリズム 6.9 の時間計算量を考えてみよう．ナップサックの容量を c とすると，このアルゴリズムの最初の for 文は最大 c 回の繰り返しであり，その下に n 回の繰り返しを行う for 文と，それに含まれる c 回の繰り返しを行う for 文が存在する．したがって，これらの部分の時間計算量は $O(c + c \times n) = O(cn)$ である．また，一番最初の表の初期化についても，表のサイズが $(c + 1) \times n$ なので，$O(cn)$ の時間計算量が必要である．したがって，アルゴリズムの全体の時間計算量も $O(cn)$ である．

この動的計画法を用いたアルゴリズムの時間計算量 $O(cn)$ を，動的計画法を用いないアルゴリズム 6.8 の時間計算量 $O(n2^n)$ と比較してみよう．ナップサックの容量 c が一般的な値（n と同じくらいの値）ならば，動的計画法を用いたアルゴリズムのほうが時

間計算量は圧倒的に小さい．したがって，荷物の重さやナップサックの容量が整数でなければならないという制限はあるが，0–1 ナップサック問題では，動的計画法を用いてアルゴリズムの時間計算量を大きく改善できることがわかる．

●第 6 章のポイント●

1. 分割統治法とは，問題をいくつかの部分問題に分割して解いたあと，その解を再構成して全体の解を得るという手法であり，分割，統治，組合せという三つのステップで構成される．なお，分割統治法における統治のステップでは，各部分問題は再帰的に解かれることが多いので，分割統治法のアルゴリズムでは再帰を用いることが一般的である．

2. 分割統治法の代表例であるマージソートは，入力のデータを二つに分割して再帰的にソートを行うソートアルゴリズムである．マージソートでは，関数 merge により，サイズが $n/2$ の二つのソート済みの列を $O(n)$ 時間でマージする処理を実現する．これにより，n 個のデータに対して $O(n \log n)$ 時間でソートを実行できる．

3. グリーディ法とは，アルゴリズムの実行途中において全体的なことは考えず，その場面で最善と思われる選択をすることにより問題解決を行う方法である．グリーディ法は，どのような問題にも適用できるわけではないが，グリーディ法によりつねに正しい解を得ることができる問題もある．

4. 動的計画法は，問題をいくつかの部分問題に分割して解くというアイデアに加えて，解を求めた部分問題については解を記録し，同じ部分問題が出たときにその記録しておいた解を再利用することにより，再計算の時間を節約する手法である．

● 演習問題

6.1 以下の文章の①～⑧について，それぞれ正しい記号を下から選べ．正しい記号が複数存在する場合はすべて列挙せよ．

　分割統治法は，（　①　）アルゴリズムであるが，（　②　）．マージソートは，（　③　）ソートアルゴリズムであるが，n 個のデータに対しては，（　④　）．

　グリーディ法は（　⑤　）アルゴリズムであるが（　⑥　）手法である．動的計画法は（　⑦　）アルゴリズムであるが（　⑧　）．

①：a. すべての解を効率よく列挙する
　　b. アルゴリズムの実行途中において全体的なことは考えず，局所的に最良の解を選択する
　　c. 入力をいくつかの部分問題に分割し，各部分問題を再帰的に解く
　　d. 問題を部分問題から解き，その解を記録しておいて再利用する
②：a. 再帰とともに用いられることはない
　　b. 分割，統治，組合せという三つのステップで構成される
　　c. 入力は必ず二つの部分問題に分割される
　　d. 時間計算量は，入力サイズ n とすると必ず $O(n \log n)$ となる

③：a. 配列の左からデータを順番に処理する

　　　b. データをほぼ同じサイズの二つの集合に再帰的に分割する

　　　c. 入力を基準値を用いて二つの集合に分割し，再帰的にソートを実行する

　　　d. 配列以外のデータ構造を利用する

④：a. 時間計算量がつねに $O(n \log n)$ である

　　　b. 最悪時間計算量はクイックソートの最悪時間計算量と同じである

　　　c. つねに挿入ソートより高速に実行できる

　　　d. 入力により時間計算量が異なる

⑤：a. すべての解を効率よく列挙する

　　　b. アルゴリズムの実行途中において全体的なことは考えず，局所的に最良の解を選択する

　　　c. 入力をいくつかの部分問題に分割し，各部分問題を再帰的に解く

　　　d. 問題を部分問題から解き，その解を記録しておいて再利用する

⑥：a. つねに最適な解が得られる

　　　b. つねに最適な解が得られる問題もあるが，そうでない問題もある

　　　c. 最適な解は得られない

　　　d. どんな問題にも適用できる

⑦：a. すべての解を効率よく列挙する

　　　b. アルゴリズムの実行途中において全体的なことは考えず，局所的に最良の解を選択する

　　　c. 入力をいくつかの部分問題に分割し，各部分問題を再帰的に解く

　　　d. 問題を部分問題から解き，その解を記録しておいて再利用する

⑧：a. 一度計算した値はすぐに削除する

　　　b. 0–1 ナップサック問題に対してつねに正しい解が得られるとは限らない

　　　c. どんな問題にも適用できる手法である

　　　d. 処理の高速化のための手法である

6.2　アルゴリズム 6.3 のマージソートを改良し，以下のように，n 個のデータを三つの $n/3$ 個のデータの集合に分割するアルゴリズムを考えた．

アルゴリズム 6.10

```
def mergesort2(D, left, right):
    p1 = (left + right) * (1/3)
    p2 = (left + right) * (2/3)
    if left < p1:
        mergesort2(D, left, p1)
    if p1 + 1 < p2:
        mergesort2(D, p1 + 1, p2)
    if p2 + 1 < right:
        mergesort2(D, p2 + 1, right)
    merge2(D, left, p1, p2, right)
```

ここで，関数 merge2 は，サイズが $n/3$ の三つのソート列を $O(n)$ 時間でマージできる関数だとする．

(1)　アルゴリズム全体の時間計算量 $T(n)$ は，$T(n) = a \times T(n/b) + O(n)$ と表すことができ

る．a と b の値を答えよ．

(2)　(1) の式をもとに，このアルゴリズムの動作を表す再帰木を描け．

(3)　(2) の再帰木を用いて $T(n)$ を求めよ．

6.3　牛肉倉庫から肉を持ち出しに来た肉屋の店主が，4 種類の冷凍された肉のブロックを見つけた．それぞれの肉のブロックの重さと価格は表 6.2 のとおりである．

表 6.2

ブロック	重さ [kg]	価格 [万円]
b_0	30	20
b_1	10	10
b_2	30	40
b_3	20	50

ただし，店主の持っている袋は，40 kg より多くの肉を入れると破れてしまう．

(1)　肉のブロックを分割してもよいと仮定したとき，どのブロックをどのくらい袋に詰めれば袋の中の肉の価値の総和が最大になるかを，グリーディ法を用いて計算せよ．

(2)　肉のブロックは分割できないと仮定したとき，どのブロックを袋に詰めれば袋の中の肉の価値の総和が最大になるかを，動的計画法を用いて計算せよ．

7 アルゴリズムの設計手法 2

◆keywords◆
バックトラック法, 部分和問題, 列挙木, 分枝限定法, 枝刈り, 暫定解, 0–1 ナップサック問題

　本章では, アルゴリズムの設計手法紹介の後半として, バックトラック法と分枝限定法を紹介する. バックトラック法は, 将棋やチェスなどをするゲームプログラムの思考ルーチンなどで使われる基本的手法である. 分枝限定法は, バックトラック法における操作の手間を大きく減らすことのできる手法である. ここでは, この二つの手法の概念について説明するとともに, 計算が困難であるとされている問題をこれらの手法を用いて効率よく解くアルゴリズムを紹介する.

7.1 バックトラック法

7.1.1 バックトラック法とは

　これまで, アルゴリズムを用いて効率よく問題を解く例をいくつも紹介してきたが, すべての問題に対して効率のよいアルゴリズムが存在するというわけではない. いくつかの問題は, 解の候補をすべて列挙し, その解候補を一つひとつチェックしていかなければ解くことができない. たとえば, 誰もが一度はやったことのあるジグソーパズルは, ピース一つひとつに対して形に合うかどうかをチェックしていく以外に, パズルを完成させる方法はない (ジグソーパズルは完成まで時間がかかるからおもしろいのであって, もし「すぐにジグソーパズルを完成させる方法」なんてものがあれば, 誰も好んでジグソーパズルなんて作らないだろう). また, 図 7.1 のような迷路も, ひたすら試行錯誤を繰り返して入口から出口までの道を探すパズルの一つである.

　ただし, このようなパズルでも, 単純に試行錯誤を繰り返すのではなく, できるだけ手順を抑えてすべての解候補を列挙する方法がある. たとえば, ジグソーパズルの場合なら, やみくもにピースをはめては時間がかかるばかりなので, 全体の端の部分からピースを組み立てていくのが普通のやり方である. また, 図 7.1 のような迷路で入口から出口までの道を効率よく見つける方法としては, 「迷路の壁に右手を触れて, その右手が壁から離れないように前に向かって進んでいく」という, 右手法とよばれる方法が知られている. この方法を用いれば, 最短経路ではないものの, 同じ道を 3 回以上通る

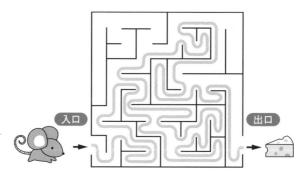

図 7.1　右手法による迷路の解法

ことなく，必ず迷路の入口から出口までの道が得られることがわかるだろう†.

　この右手法のように，解候補を列挙することが必要な問題に対して，効率よく系統的に解候補を列挙してチェックを行う方法が，バックトラック法である．前述したような，解候補を列挙することが必要な問題には，必ずいくつかの選択肢がある．これは，ジグソーパズルの例なら，一つの場所にどのピースをはめるかということであり，迷路の場合は，道が分岐した場合にどちらの道を選ぶかということである．バックトラック法での基本的なアイデアは，解候補を列挙することが必要な問題に対して規則的に選択を行い，選択が誤っていた場合には後戻りして，別の選択肢を選ぶというものである．

7.1.2　部分和問題への適用

　バックトラック法の考え方をさらに理解するために，以下の部分和問題に対して，バックトラック法を用いたアルゴリズムを考えてみよう．

> **問題 7.1　部分和問題**
> 　$\{x_0, x_1, \ldots, x_{n-1}\}$ という n 個の正の実数の集合と，s という正の実数が与えられたとする．このとき，$\{x_0, x_1, \ldots, x_{n-1}\}$ の中から，その和がちょうど s になる実数の選び方を求めよ．

　たとえば，この問題の入力として，集合$\{3, 14, 6, 9\}$と $s = 12$ が与えられたとする．この場合は，集合の中から 3, 9 という数を選べば，$3 + 9 = 12$ であるので，問題の出力は「和が s に等しくなる選び方が存在し，その組合せは$\{3,9\}$である」となる．また，同じ入力の集合と $s = 19$ が与えられた場合は，どのように選んでも和が 19 となることはないので，問題の出力は「和が s に等しい選び方は存在しない」となる．

　この問題をバックトラック法を用いて解くための手順を考えていこう．まず，この問題にどのような選択肢があるのかを考えると，各数について「足すか足さないか」という 2 通りの選択肢があることがわかるだろう．上の例なら，3, 14, 6, 9 というそれぞれの数について，足すか足さないかという二つの選択肢があり，全部で 2^4 通りの解があ

---

†　入口や出口が外側の壁に面していない迷路では，この方法では解くことができない場合もある．

ることになる.

　次に，この選択肢を一つひとつ選んでいく．バックトラック法では，この選択肢の選び方を列挙木とよばれる木を用いて表すのが一般的である．図 7.2 に，上記の例の場合の列挙木を示す．この列挙木において，葉以外の節点は選択による分岐を表し，各辺は一つひとつの選択を表す．たとえば，図の列挙木の場合は，各レベルの節点は上から 3, 14, 6, 9 という数に対して選択が行われることを表しており，辺に付けられた 0 もしくは 1 という値は，それぞれその数を足さないという選択と足すという選択を表している．また，列挙木の葉は一つの解を表し，その解は根から葉への経路で表される．たとえば，図の列挙木において，根から左から 4 番目の葉への経路の辺に付けられた値を並べると $(0, 0, 1, 1)$ となり，これは「3, 14 は足さず，6, 9 は足す」という解を表している．

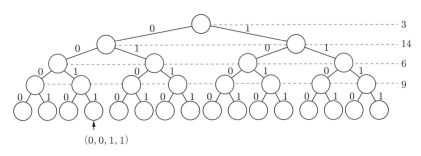

図 7.2　列挙木

　バックトラック法を用いたアルゴリズムは，この列挙木を根から作成することにより実行される．前述の例 $(s = 12)$ に対するバックトラック法の実行について，図 7.3 を用いて説明していこう．

　まず，3 を足すか足さないかという選択肢が与えられる．そこで，3 を「足さない」という選択肢を選ぶことにより，図 (a) の木が得られる．同じように，14, 6, 9 の順に選択肢が与えられるが，すべて「足さない」という選択肢を選ぶと，図 (b) の木が得られる．ここで，これ以上の選択肢はないので，この場合の解から和を計算すると 0 であり，$s = 12$ ではない．そこで，一つ上のレベルに戻り，9 について「足す」というもう一つの選択肢を選ぶと，図 (c) の木が得られる．この場合の解についても和を計算すると 9 であり，s とは異なる．そこで，一つ上のレベルに戻るが，9 という数に関する選択はすべて終えたので，さらに一つ上のレベルに戻り，6 を足すという選択を行う．以下，同様の手順により列挙木を作成していくと，図 (d) の状況で $(1, 0, 0, 1)$ という解による和が s に等しいことがわかり，アルゴリズムが終了となる．

　この部分和問題を解くバックトラック法は，以下のようなアルゴリズムとして実現できる．このアルゴリズムは，選択が行われる実数を示す変数 level を引数にもつ再帰的なアルゴリズムとなっている．また，入力の n 個の実数は配列 X[0], X[1], ..., X[n-1] に格納されており，和が s となる場合の選択を配列 Y[0], Y[1], ..., Y[n-1]

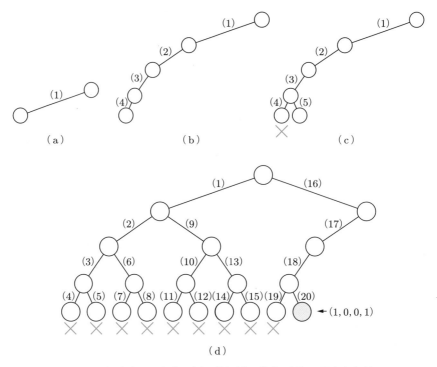

図 7.3　バックトラック法の実行（括弧内の数字は選択の順序を表す）

に格納するものとする.

アルゴリズム 7.1　バックトラック法を用いて部分和問題を解くアルゴリズム

```python
X = [3, 14, 6, 9]
s = 12
n = len(X)

Y = [None for _ in range(n)]      # 配列Yを初期化

def BT_subsetsum(level):
    global Y

    print(f'現在の選択: {Y}')      # Yを随時出力

    if level == n:                 # 列挙木の葉の場合の処理
        total = 0
        for i in range(n):         # 葉での部分和を計算
            total = total + Y[i] * X[i]
        if total == s:             # sと等しい場合
            print(f's と等しい選び方は{Y}')   # 解を表示して終了
            exit()
    else:
        Y[level] = 0               # 足さない場合
        BT_subsetsum(level + 1)
```

```
        Y[level] = 1              # 足す場合
        BT_subsetsum(level + 1)
        Y[level] = None           # 未選択に戻す

    if level == 0:                # 根に戻った場合
        print('sに等しい選び方が存在しない')

BT_subsetsum(0)
```

出力
```
現在の選択: [None, None, None, None]
現在の選択: [0, None, None, None]
現在の選択: [0, 0, None, None]
現在の選択: [0, 0, 0, None]
現在の選択: [0, 0, 0, 0]
現在の選択: [0, 0, 0, 1]
現在の選択: [0, 0, 1, None]
現在の選択: [0, 0, 1, 0]
現在の選択: [0, 0, 1, 1]
現在の選択: [0, 1, None, None]
現在の選択: [0, 1, 0, None]
現在の選択: [0, 1, 0, 0]
現在の選択: [0, 1, 0, 1]
現在の選択: [0, 1, 1, None]
現在の選択: [0, 1, 1, 0]
現在の選択: [0, 1, 1, 1]
現在の選択: [1, None, None, None]
現在の選択: [1, 0, None, None]
現在の選択: [1, 0, 0, None]
現在の選択: [1, 0, 0, 0]
現在の選択: [1, 0, 0, 1]
sと等しい選び方は[1, 0, 0, 1]
```

　アルゴリズム 7.1 の時間計算量を考えてみよう．このようなバックトラック法を用いた再帰アルゴリズムの場合は，列挙木が再帰木にほぼ等しいので，列挙木を用いてアルゴリズムの時間計算量を考えることができる．たとえば，s が 0 ならば，すべての整数を足さない場合が求める解となり，その場合の列挙木は図 7.3(b) のようになるので，時間計算量は $O(n)$ である．この場合の時間計算量はアルゴリズムの最良時間計算量であるが，一般には，そのような入力が与えられるとは考えにくい．

　次に最悪時間計算量を考えると，その場合の列挙木は図 7.2 のようになる．この木は高さが $n+1$ であるので，3.1.2 項の性質 3.3 より，この木の節点数は $O(2^n)$ 個となる．また，各節点での時間計算量は，アルゴリズム 7.1 より，葉の場合は $O(n)$ 時間，内部節点の場合は定数時間である．さらに，葉の数は 3.1.2 項の性質 3.1 より $O(2^n)$ 個なので，最悪時間計算量は $O(n2^n)$ となる．

7.2　分枝限定法

7.2.1　分枝限定法とは

　この節で紹介する分枝限定法は，ほとんどの場合においてバックトラック法と一緒に用いられる手法である．分枝限定法では，バックトラック法により作成される列挙木の各節点において，その選択により問題の出力となる解が得られるかどうかを判定する．得られないと判定される場合は，それ以上の列挙の操作を中止し，列挙木の上のレベルに戻るという操作を行う．このとき，各節点において出力となる解が得られるかどうかを判定する操作を，枝刈りとよんだり，限定操作とよんだりする．以下では，統一して枝刈りとよぶ．

　たとえば，グリーディ法や動的計画法の場合と同じく，A 地点から B 地点まで車を運転する場合を考えてみよう．バックトラック法のアイデアによる運転というのは，図7.4(a) のように，何も調べずにとりあえず選択した道を行き止まりになるまで走って，それ以上進めなくなってから引き返すというやり方である．これに対して，分枝限定法のアイデアによる運転は，図 (b) のように，工事中の看板を見たり，道を歩いている人に道を聞いたりして，その道では B 地点に到着できないことがわかった時点で引き返すというやり方である．

（a）バックトラック法のアイデア　　　　　　（b）分枝限定法のアイデア

図 7.4　バックトラック法と分枝限定法のアイデアによる車の運転

　それでは，まず，アルゴリズム 7.1 にこの分枝限定法のアイデアを加えて，少しでも列挙の処理を減らす方法を考えてみる．アルゴリズム 7.1 では，入力の各実数に対して，足すか足さないかという選択肢を設けてそれをすべてチェックしている．しかし，s が比較的小さい値の場合や，逆に大きい値の場合は，以下のアイデアにより，列挙しなくてもよい選択肢を判定できる．

　まず，s が比較的小さい場合は，いくつかの整数を足しただけで s を超えてしまい，ほかの整数を足すか足さないかにかかわらず，その和が s に等しくならないことがある．たとえば，入力として集合 $\{3, 14, 6, 9\}$ と $s = 12$ を考える．この場合，3 と 14 を足すことを選択するとその和は 17 であり，それだけで s の値を超えている．したがっ

て，この選択の状態では，6と9を足しても足さなくても和がsと等しくならないので，6と9に関する選択肢を列挙する必要はない．

また，sが比較的大きい場合は，与えられたすべての整数を足してもその和がsにならないことがある．たとえば，入力が集合$\{3, 14, 6, 9\}$と$s = 19$の場合，3と14を足さないと仮定すると，残りの整数の和は$6 + 9 = 15$であり，すべての整数を足してもsより小さい．したがって，この場合も，6と9を足しても足さなくても和がsと等しくならないので，6と9に関する選択肢は列挙しなくてよい．

以下に示したアルゴリズムは，この分枝限定法のアイデアを組み込んでアルゴリズム7.1を改良したものである．

アルゴリズム7.2　分枝限定法を用いて部分和問題を解くアルゴリズム

```python
X = [3, 14, 6, 9]
s = 12
n = len(X)

Y = [None for _ in range(n)]      # 配列Yを初期化

def BT_subsetsum(level):
    global Y

    print(f'現在の選択：{Y}')      # Yを随時出力

    if level == n:                # 列挙木の葉の場合の処理
        total = 0
        for i in range(n):        # 葉での部分和を計算
            total = total + Y[i] * X[i]
        if total == s:            # sと等しい場合の処理
            print(f'sと等しい選び方は{Y}')       # 解を表示して終了
            exit()

    else:
        sum1 = 0        # sum1は選択した整数の和を表す
        for i in range(level):
            sum1 = sum1 + Y[i] * X[i]
        sum2 = sum1     # sum2は選択した整数と未選択のすべての整数の和を表す
        for i in range(level, n):
            sum2 = sum2 + X[i]
        if sum1 <= s and sum2 >= s:    # 枝刈りの判定
            Y[level] = 0               # 足さない場合
            BT_subsetsum(level + 1)
            Y[level] = 1               # 足す場合
            BT_subsetsum(level + 1)
            Y[level] = None            # 未選択に戻す
        else:
            print('枝刈り')
```

```
    if level == 0:                    # 根に戻った場合
        print('sに等しい選び方が存在しない')

BT_subsetsum(0)
```

出力
```
現在の選択: [None, None, None, None]
現在の選択: [0, None, None, None]
現在の選択: [0, 0, None, None]
現在の選択: [0, 0, 0, None]
枝刈り
現在の選択: [0, 0, 1, None]
現在の選択: [0, 0, 1, 0]
現在の選択: [0, 0, 1, 1]
現在の選択: [0, 1, None, None]
枝刈り
現在の選択: [1, None, None, None]
現在の選択: [1, 0, None, None]
現在の選択: [1, 0, 0, None]
現在の選択: [1, 0, 0, 0]
現在の選択: [1, 0, 0, 1]
sと等しい選び方は[1, 0, 0, 1]
```

　アルゴリズム 7.2 では，列挙木の各節点に相当する部分で，それまでに選んだ整数の和 sum1 と，それまでに選んだ整数の和に未選択の整数をすべて加えた値 sum2 を求めている．この二つの値を使って，「sum1 が s 以下であり，かつ，sum2 が s 以上である場合のみアルゴリズム中の再帰を継続する」という枝刈り判定を行うことにより，列挙の処理を減らしている．

　整数の集合 $\{3, 14, 6, 9\}$ と $s = 12$ に対してアルゴリズム 7.2 を実行した場合の列挙木を，図 7.5 に示す．この図 7.5 とアルゴリズム 7.2 の出力を比較してみてほしい．なお，図の節点中の数字は，その節点が葉の場合は選択した整数の和を，内部節点の場合

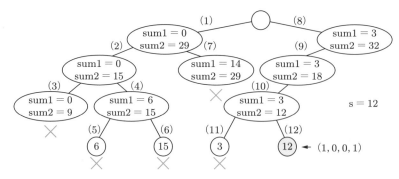

図 7.5　部分和問題に対して分枝限定法を用いた場合の列挙木（$s = 12$ の場合）

は sum1 と sum2 の値を表している。この図 7.5 と図 7.3(d) を比較すると，計算の手間が大きく省かれていることがわかるだろう．

ただし，アルゴリズム 7.2 は，s の値によってはアルゴリズム 7.1 とほぼ同じ動作を行うので，漸近的な時間計算量はアルゴリズム 7.1 と同じである（むしろ，途中で sum1 や sum2 の計算を実行しているので，最悪の場合の実際の実行時間は長くなる）．しかし，s が比較的小さい場合や大きい場合は，このアルゴリズムはアルゴリズム 7.1 と比べて非常に高速であり，実用的には有効である．

7.2.2 ナップサック問題への適用

分枝限定法の有効性をさらに確かめるために，動的計画法のところでも述べた 0–1 ナップサック問題を分枝限定法を用いて解くアルゴリズムについて紹介しよう（0–1 ナップサック問題とはどのような問題であったか忘れた人は，6.2.2 項を読み直してほしい）．なお，0–1 ナップサック問題を動的計画法を用いて解くアルゴリズムでは，荷物の重さやナップサックの容量が整数である必要があったが，以下で紹介する分枝限定法のアルゴリズムでは，そのような制約は存在しない．

まず，この 0–1 ナップサック問題は，部分和問題と同じように列挙木を作成することにより，バックトラック法を用いて解くことができる．この 0–1 ナップサック問題に対する列挙木は，各節点において「各荷物をナップサックに入れるか入れないか」という 2 通りの選択肢を考えることにより作成できる．どの荷物をどの節点で考えれば効果的かは自明ではないが，6.2 節の分割ナップサック問題に対するグリーディ法のアルゴリズムにおいては，「単位重さあたりの価値が大きい順にナップサックに入れる」という方法が効果的であったので，ここでは，列挙木においても，単位重さあたりの価値の順にナップサックに入れるか入れないかを考えるものとする．

たとえば，0–1 ナップサック問題の入力として表 7.1 の四つの絵を考えてみよう．また，ナップサックの容量を 10 kg とする．

表 7.1　ナップサック問題の問題例 2

番号	種類	重さ [kg]	価格 [百万円]	単位重さあたりの価値 [百万円/kg]
1	絵 1	4	32	8
2	絵 2	7	35	5
3	絵 3	6	24	4
4	絵 4	3	9	3

この入力に対して，図 7.6 の列挙木が得られる．列挙木の各辺の 1, 0 という値は，それぞれ各荷物を入れるか入れないかということを表す．この列挙木の葉に相当する部分で制約条件を満たすかどうか判断し，制約条件を満たす解の中で最大の価値となる解を出力することにより，バックトラック法を用いて 0–1 ナップサック問題を解くことができる．

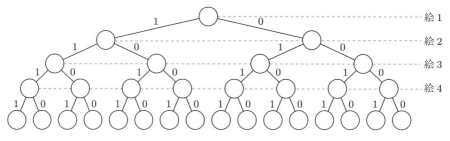

図 7.6　0–1 ナップサック問題に対する列挙木

7.2.3　0–1 ナップサック問題における枝刈りの条件

　それでは，この列挙木に対して，分枝限定法による枝刈りがどのように適用できるかを考えていこう．最初に考えられるのは，ナップサックの容量に関する以下の二つの枝刈りの条件である．

　まず，容量に関する一つ目の条件について考える．いくつかの荷物をナップサックに入れると選択した状態で，その重さの和が容量 c を超えているならば，ほかの荷物を入れるか入れないかにかかわらず，その状態では重さの制約条件は満たされない．たとえば，上記の問題例について考えると，絵 1 と絵 2 を入れると選択した場合，その重さの和はナップサックの容量である 10 kg を超えている．したがって，この場合には，その他の絵に関する選択肢を省略し，列挙の操作を打ち切って後戻りすることができる．

　次に，容量に関する二つ目の条件について考える．いくつかの荷物をナップサックに入れるか入れないかを選択した状態で，その重さの和が容量 c に等しいならば，これ以上荷物を入れることはできない．したがって，この状態が 0–1 ナップサック問題の一つの解である．このように列挙木の途中で得られた解を，「暫定的なもっとも高い価値を表す解」という意味で暫定解とよび，価値の和を変数 z として保存しておく．たとえば，絵 1 と絵 3 を入れると選択したとき，重さの和は 10 kg であり，ナップサックの容量に等しい．したがって，「絵 1，絵 3 を入れて，絵 2，絵 4 を入れない」という暫定解が得られたので，$z = 32 + 24 = 56$ として価値の和を保存する．なお，列挙木の葉における解も暫定解となる．得られた解の価値の和がそれまでの暫定解よりも高い場合は，暫定解を更新する．

　最後に，0–1 ナップサック問題に適した枝刈りの条件について考えよう．上記の枝刈りでは，容量 c に関する条件で枝刈りを判断したが，同じように，価値に関しても枝刈りの条件が設定できるはずである．同じ問題例について，この条件をどのように設定すればよいかを考えてみよう．

　たとえば，列挙木において，前述の「絵 1，絵 3 を入れて，絵 2，絵 4 を入れない」という暫定解が得られたとする．このときの暫定的な最大の価値の和は $z = 56$ である．

　次に，「絵 1 は入れない」と選択し，枝刈りができないかどうか考えてみる．この状態では，ナップサック内の荷物の価値の和は 0 であり，ナップサックの残りの容量は 10 kg である．この状態に対して，絵 2～4 をナップサックに詰めた場合の価値の和の上

限が簡単に計算できれば，その上限と暫定解 z との比較により，列挙を継続すべきかどうかが判断できる（上限が z より大きい場合のみ，列挙を継続する）．もちろん，残った絵が三つなら選択肢を列挙するのはそれほど難しくないが，残った絵が多い場合は，選択肢を列挙して判断するのでは手間がかかるので，ナップサックに詰めた場合の価値の和の上限を簡単に計算する方法が必要である．

　この上限を計算する方法はいくつかあるが，ここでは，比較的簡単な方法を説明する．ナップサックの容量が c，ナップサック内の荷物の重さの和が w，価値の和が v であるとき，価値の和の上限 v_{ub} は以下の式で計算できる．

$$v_{\mathrm{ub}} = v + (c - w) \times (未選択の荷物の単位重さあたりの価値の最大値)$$

この式により得られる値 v_{ub} は，ナップサックの残りの容量分を，もっとも高い単位重さあたりの価値の品物を分割して満たした場合の価値である．ただし，この場合は，仮想的に品物の一つの価値を超えてナップサックに詰めるという状況を考えていることに注意しよう．

　例に戻って，この上限の値をどのように利用するのかを考えてみよう．「絵 1 は入れない」と選択した場合，未選択かつ単位重さあたりの価値がもっとも高い荷物は絵 2 なので，上記の式の値 v_{ub} は以下のようになる．

$$v_{\mathrm{ub}} = 0 + (10 - 0) \times 5 = 50$$

したがって，残りの絵だけで得られる価値の上限は 50 であり，これは暫定解 $z = 56$ より小さい．つまり，「絵 1 を入れない」と選択した場合は 0–1 ナップサック問題の出力となる解は得られないので，絵 2〜4 に関する選択肢は省略して後戻りすることができる．

　以上の三つの枝刈りの条件をまとめると，以下のようになる．

　　枝刈り条件 (A)：ナップサック内の荷物の重さの和が容量 c を超えている．
　　　→ 重さの制約条件を満たさないので，列挙の操作を打ち切り，後戻りする．
　　枝刈り条件 (B)：ナップサック内の荷物の重さの和が容量 c に等しい．
　　　→ 暫定解と現在の選択の価値の和を比較し，現在の選択のほうが価値の和が高いならば，暫定解の記録を更新する．また，列挙の操作を打ち切り，後戻りする．
　　枝刈り条件 (C)：前述の上限の値 v_{ub} が暫定解よりも小さい．
　　　→ 出力の解とはならないので，列挙の操作を打ち切り，後戻りする．

7.2.4　0–1 ナップサック問題を解くアルゴリズムの実現

　これらの枝刈り条件 (A)〜(C) を列挙木の各節点でチェックすることにより，分枝限定法を用いて 0–1 ナップサック問題を解くアルゴリズムを実現することができる．この枝刈り条件を用いて前述の問題例（ナップサックの容量 $c = 10$）に対して列挙木を作成

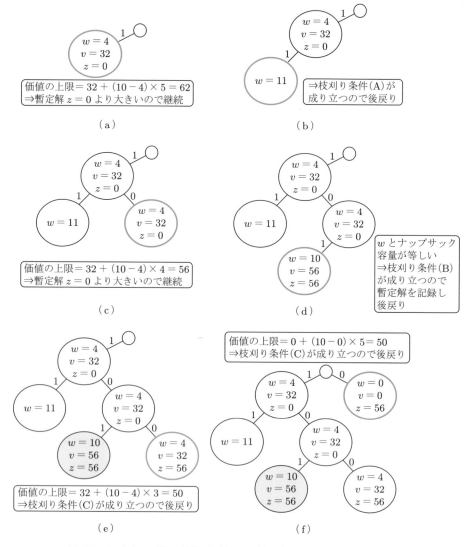

図 7.7　0–1 ナップサック問題に対して分枝限定法を用いた場合の列挙木

する様子を，図 7.7 に示す．

　最初は暫定解 $z = 0$ とし，絵 1 を入れる場合を考える（図 (a)）．このとき，ナップサックの中の荷物の重さの和は $w = 4$ なので，枝刈り条件 (A)，(B) は成り立たず，枝刈り条件 (C) も図に示す計算から成り立たない．したがって，枝刈り条件 (A)〜(C) がすべて成り立たないので，列挙の操作は継続される．

　次に，絵 2 も入れる場合を考える（図 (b)）．この場合は，ナップサック内の荷物の重さの和が $w = 11$ であり，枝刈り条件 (A) が成り立つので後戻りする．また，絵 2 を入れない場合を考えると（図 (c)），この場合は，枝刈り条件 (A)〜(C) がすべて成り立たないので，列挙の操作は継続される．

　続いて，絵 3 を入れる場合を考える（図 (d)）．この場合は，ナップサック内の荷物の

重さの和が $w = 10$ であり，w とナップサック容量が等しいので，枝刈り条件 (B) が成り立つ．よって，暫定解を $z = 56$ に更新し，後戻りする．また，絵3を入れない場合を考えると（図 (e)），価値の上限が $v_{ub} = 50$ であり，暫定解の価値 $w = 56$ より小さい．したがって，枝刈り条件 (C) が成り立つので，後戻りする．

最後に，絵1を入れない場合を考える（図 (f)）．この場合は，価値の上限が $v_{ub} = 50$ であり，枝刈り条件 (C) が成り立つので，後戻りする．

以上より，すべての解の列挙が終了し，0–1 ナップサック問題の出力となる解が $(x_1, x_2, x_3, x_4) = (1, 0, 1, 0)$ であり，そのときの価値が 56 であることが求められた．

終わりに，分枝限定法により 0–1 ナップサック問題を解くアルゴリズムを，アルゴリズム 7.3 としてまとめておく．なお，このアルゴリズム中では，アルゴリズムをできるだけ短く記述するために，copy モジュールの copy 関数，和を求めるための sum 関数，最大値を求めるための max 関数を用いている．これらの詳細については，Python プログラミングの参考文献を参照してほしい．

アルゴリズム 7.3　分枝限定法を用いて 0–1 ナップサック問題を解くアルゴリズム

```python
from copy import copy

W = [4, 7, 6, 3]
V = [32, 35, 24, 9]
C = 10
n = len(W)

VPW = [vi / wi for vi, wi in zip(V, W)]   # 荷物の単位重さあたりの価値を計算
X = [None for _ in range(n)]              # 配列Xを初期化
z = -1                                    # 暫定解の価値（-1に初期化）
S = []                                    # Sは解を保存するための変数（リスト）


def BB_01knapsack(level):
    global X, z, S

    print(f'現在の選択: {X}')              # Xを随時出力

    if level == n:                         # 列挙木の葉の処理
        w = sum(wi * xi for wi, xi in zip(W, X))   # 重さの和を求める
        v = sum(vi * xi for vi, xi in zip(V, X))   # 価値の和を求める
        if w <= C and v > z:               # 暫定解より価値が高い場合は
            z = v                          # 暫定解を更新し
            S = copy(X)                    # 現在の選択を記録
            print(f'暫定解更新: z = {z}')
    else:
        w = sum(wi * xi for wi, xi in zip(W[:level], X[:level]))
        v = sum(vi * xi for vi, xi in zip(V[:level], X[:level]))
        if w <= C:                                         # 枝刈り条件(A)
            if w == C:                                     # 枝刈り条件(B)
```

```
            if v > z:                              # 暫定解より価値が高い場合は
                z = v                              # 暫定解を更新し
                S = X[:level] + [0] * (n - level)  # 現在の選択を記録
                print(f'暫定解更新: z = {z}')
            print('条件(B)で枝刈り')
        elif v + (C - w) * max(VPW[level:]) > z:    # 枝刈り条件(C)
            X[level] = 1
            BB_01knapsack(level + 1)
            X[level] = 0
            BB_01knapsack(level + 1)
            X[level] = None                         # 未選択に戻す
        else:
            print('条件(C)で枝刈り')
    else:
        print('条件(A)で枝刈り')


BB_01knapsack(0)
print(f'最大の価値は{z}, 荷物の入れ方は{S}')
```

出力
```
現在の選択: [None, None, None, None]
現在の選択: [1, None, None, None]
現在の選択: [1, 1, None, None]
条件(A)で枝刈り
現在の選択: [1, 0, None, None]
現在の選択: [1, 0, 1, None]
暫定解更新: z = 56
条件(B)で枝刈り
現在の選択: [1, 0, 0, None]
条件(C)で枝刈り
現在の選択: [0, None, None, None]
条件(C)で枝刈り
最大の価値は56, 荷物の入れ方は[1, 0, 1, 0]
```

　アルゴリズム 7.3 の最悪時間計算量は，漸近的には，n 個の荷物に対して $O(n2^n)$ であり，単なるバックトラック法と同じである．しかし，実際には，このアルゴリズムは，単なるバックトラック法のアルゴリズムと比較して非常に高速である．

　このように，分枝限定法をうまく使えば，問題解決のための時間を大きく減らすことができる．ただし，分枝限定法を用いたアルゴリズムの実行時間は，列挙を行う入力の順序や枝刈りの条件により大きく変化するので，高速な実行のためには，それらに対する十分な考察が必要不可欠である．なお，本書では省略したが，0–1 ナップサック問題については，容量に関するさらなる枝刈り条件や，分割ナップサック問題を用いた枝刈り条件など，さらに洗練された枝刈り条件を用いることが可能である．これらについて興味のある人は，巻末の参考文献で紹介する書籍や，最適化手法に関する書籍を参照し

てほしい．

● 第 7 章のポイント ●

1. バックトラック法とは，解の列挙が必要な問題に対して効率よく系統的に解を列挙し，チェックを行う方法である．バックトラック法における解の列挙は，列挙木とよばれる木を用いて表される．

2. 入力サイズが n の部分和問題に対する，バックトラック法を用いたアルゴリズムの時間計算量は，$O(n2^n)$ である．

3. 分枝限定法はバックトラック法に加えて用いられる手法であり，枝刈りという操作により不必要な列挙の操作を行わないようにする手法である．ここで，枝刈りとは，バックトラック法により作成される列挙木の各節点において，暫定解などからその選択により問題の出力となる解が得られないと判定される場合に，それ以上の列挙の操作を中止し，後戻りする操作である．

4. 部分和問題や 0-1 ナップサック問題に対する分枝限定法を用いたアルゴリズムの最悪時間計算量は，漸近的には，分枝限定法を用いないバックトラック法と同じである．しかし，実際には，分枝限定法を用いたアルゴリズムは，単なるバックトラック法のアルゴリズムと比較して，非常に高速である．

● 演習問題

7.1　以下の文章の①〜③について，それぞれ正しい記号を下から選べ．正しい記号が複数存在する場合はすべて列挙せよ．

　バックトラック法は（　①　）アルゴリズムである．また，分枝限定法は，バックトラック法に（　②　）という性質を追加した方法である．この分枝限定法では，（　③　）．

①：a. すべての解を効率よく列挙する
　　b. アルゴリズムの実行途中において全体的なことは考えず，局所的に最良の解を選択する
　　c. 入力をいくつかの部分問題に分割し，各部分問題を再帰的に解く
　　d. 問題を部分問題から解き，その解を記録しておいて再利用する
②：a. 解の列挙をさらに増やす　　　b. 不必要な解の列挙を省略する
　　c. 入力そのものを限定する　　　d. 近似的な解を求める
③：a. 入力によりアルゴリズムの実行時間は大きく異なる
　　b. どのような入力に対してもアルゴリズムの実行時間は同じである
　　c. 枝刈りの条件の決め方により実行時間が変化する
　　d. 暫定解を記録しなくても実行時間は変わらない

7.2　重さが 0 より大きく W より小さい n 個の荷物があり，これらの荷物の重さを $w_0, w_1, \ldots, w_{n-1}$ とする．ただし，これらの荷物は分割不可能であるとする．また，容量が W の袋が三つあるものとする．この n 個の荷物を三つの袋にすべて詰めたい．そのような

詰め方があるかどうかを判定するアルゴリズムを，バックトラック法を用いて作成せよ．

7.3 A 君がスーパーにバーベキュー用の肉を買いに行ったところ，スーパーの開店記念ということで，以下の 5 種類の肉の中からちょうど 8 kg になるように選べたら，肉を無料でもらえるというキャンペーンが開催されていた．

    ① 牛カルビ (6 kg)   ② 牛ロース (2.5 kg)   ③ 牛ハラミ (5 kg)

    ④ 地鶏 (4 kg)   ⑤ 豚カルビ (3 kg)

どのように選べば肉の総重量が 8 kg になるかを，分枝限定法で求めよ．

7.4 運送業者が美術館から以下の 4 種類の絵を運搬するように依頼を受けた．それぞれの絵の重さと価値は表 7.2 のとおりである．

表 7.2 絵の重さと価値

番号	種類	重さ [kg]	価格 [百万円]	単位重さあたりの価値 [百万円/kg]
1	絵 1	16	24	1.5
2	絵 2	20	22	1.1
3	絵 3	24	12	0.5
4	絵 4	30	12	0.4

運送業者のもっている運搬ケースは絵を運ぶために十分大きいのだが，50 kg より多くの物を入れると壊れてしまう．どのように絵を運搬すれば運ぶ絵の価値が最大になるかを，分枝限定法で求めよ．

8 グラフアルゴリズム

◆keywords◆
グラフ，隣接行列，隣接リスト，幅優先探索，深さ優先探索，最短経路，ダイクストラ法

　ここからは，いくつかの分野の具体的な問題に対して，どのようにして効率的なアルゴリズムが実現されているのかを紹介していく．まず，本章では，日常での応用の多いグラフに関するアルゴリズムを説明する．最初に，グラフの定義や，グラフを格納するためのデータ構造について述べる．次に，グラフの頂点を探索する基本的な手法である，幅優先探索と深さ優先探索を説明する．最後に，グラフを用いた実用的な問題である最短経路問題について，効率のよいアルゴリズムを紹介する．

8.1 グラフとは

　本章で紹介するグラフとは，本書の第3章で紹介した木と同じように，情報を視覚的に表現するための数学的な抽象概念である（統計などで用いられる折れ線グラフや棒グラフとは別の概念なので注意してほしい）．日常でのグラフの概念を表す例としては，図 8.1(a) に示すような鉄道の路線図や，図 (b) のような電子回路の回路図などが挙げられる．

　それでは，このグラフの定義を説明していこう．グラフは，円を用いて表される

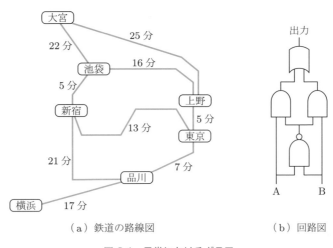

（a）鉄道の路線図　　　　　（b）回路図

図 8.1　日常におけるグラフ

頂点[†]とよばれる集合と，頂点の対を結ぶ線により表される辺とよばれる集合で構成される．各頂点と各辺はデータをもつ場合があり，各頂点のデータは頂点の内部に，辺のデータは辺の横に描かれる．図 8.2 (a), (b) に，図 8.1 に対応するグラフをそれぞれ示す．なお，頂点の横に書かれている記号が，各頂点の名前を表している．

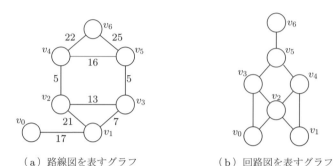

（a）路線図を表すグラフ　　　　　　（b）回路図を表すグラフ

図 8.2　図 8.1 に対応するグラフ

図 8.2 のように各頂点に名前を付けるとき，二つの頂点 v_i と v_j の間の辺は (v_i, v_j) と表し，頂点 v_i と頂点 v_j は辺 (v_i, v_j) によって隣接するという．頂点 v_i から v_j への辺 (v_i, v_j) と頂点 v_j から v_i への辺 (v_j, v_i) を区別する場合，この辺を有向辺とよび，グラフ全体を有向グラフとよぶが，本書では有向グラフは取り扱わない．よって，本書に出てくるすべてのグラフでは，辺には向きがないものとする．

　グラフに含まれる二つの頂点は，一般に，頂点の列により結ばれている．この頂点の列のことを，二つの頂点間の経路とよぶ．たとえば，図 8.2(a) のグラフにおいて，$(v_0, v_1, v_2, v_4, v_6)$ という頂点の列は，頂点 v_0 と v_6 の間の経路を表している．なお，経路の最初と最後の頂点を，それぞれ始点と終点とよぶ．この経路の例では，v_0 と v_6 がそれぞれ始点と終点である．

　また，グラフの頂点数を n とすると，一つの頂点は最大 $n - 1$ 本の辺に接するので，グラフの辺の数 m について以下の式が成り立つ．

$$m \leq \sum_{i=1}^{n}(i - 1) = \frac{n(n-1)}{2}$$

このほか，グラフについてはさまざまな定義や性質が知られているが，説明を簡単にするために，本書ではこれだけの説明にとどめておく．グラフに関しては多くの本に詳しく書かれているので，深く勉強したい人は参考文献を参照してほしい．

8.2　グラフを格納するデータ構造

　前述のように，グラフは図として表されることが一般的であるが，これは人間が視覚

---

† 木の「節点」と同じ概念であるが，木の場合と区別するために，本書ではグラフの場合は頂点とよぶことにする．

的に理解しやすくするためである．数学的には，グラフ G は頂点の集合 V と辺の集合 E のみで $G = (V, E)$ として定義される．たとえば，図 8.2(a) のグラフ $G = (V, E)$ は，以下のように定義される．

$$V = \{v_0, v_1, v_2, v_3, v_4, v_5, v_6\}$$
$$E = \{(v_0, v_1), (v_1, v_2), (v_1, v_3), (v_2, v_3), (v_2, v_4), (v_3, v_5), (v_4, v_5), (v_4, v_6), (v_5, v_6)\}$$

　このように表されるグラフをアルゴリズム中で用いる場合，どのようなデータ構造を用いてグラフのデータを格納すればよいだろうか．もっとも簡単な方法は，頂点の集合と辺の集合のそれぞれに配列を準備し，配列の一つの要素として頂点と辺を格納するという方法である．しかし，この格納方法では，アルゴリズム中で必要な辺を見つける場合には，毎回辺の集合を表す配列を探索する必要があり，非常に効率が悪い．

　そこで，アルゴリズム中でグラフを格納する方法としては，隣接行列と隣接リストという二つのデータ構造が一般に使われている．以下では，この二つのデータ構造を順番に紹介していく．この二つのデータ構造は，グラフの種類によって向き不向きがあるので，場合に応じて使い分けていくのがよい．

8.2.1 隣接行列

　隣接行列は，2 次元配列を用いてグラフ G の各辺を格納するデータ構造である．図 8.3(a), (b) に，図 8.2 のグラフを隣接行列で表した場合の例をそれぞれ示す．頂点数が n のグラフに対応する隣接行列を作成するには，まず，$n \times n$ の 2 次元配列 AM を準備する†．この 2 次元配列 AM に対して，i 番目の頂点から j 番目の頂点への辺が存在する場合，その辺がデータをもっていなければ AM[i][j] = 1 とし，データ w をもっていれば AM[i][j] = w とする．逆に，i 番目の頂点と j 番目の頂点の間に辺がなければ，AM[i][j] = 0 とする．この操作をすべての頂点の組合せに対して行うことにより，グラフを表す隣接行列である 2 次元配列 AM が得られる．

$-$	0	1	2	3	4	5	6
$0(v_0)$	0	17	0	0	0	0	0
$1(v_1)$	17	0	21	7	0	0	0
$2(v_2)$	0	21	0	13	5	0	0
$3(v_3)$	0	7	13	0	0	5	0
$4(v_4)$	0	0	5	0	0	16	22
$5(v_5)$	0	0	0	5	16	0	25
$6(v_6)$	0	0	0	0	22	25	0

（a）図 8.2(a) のグラフを表す隣接行列

$-$	0	1	2	3	4	5	6
$0(v_0)$	0	0	1	1	0	0	0
$1(v_1)$	0	0	1	0	1	0	0
$2(v_2)$	1	1	0	1	1	0	0
$3(v_3)$	1	0	1	0	0	1	0
$4(v_4)$	0	1	1	0	0	1	0
$5(v_5)$	0	0	0	1	1	0	1
$6(v_6)$	0	0	0	0	1	0	0

（b）図 8.2(b) のグラフを表す隣接行列

図 8.3　図 8.2 のグラフを表す隣接行列

---

† 隣接行列は英語で adjacency matrix であるため，2 次元配列名として AM を用いる．

以下に，図 8.3(a) の隣接行列を Python により実現した例を示す．

アルゴリズム 8.1　**隣接行列**

```python
AM = [
    [0, 17, 0, 0, 0, 0, 0],
    [17, 0, 21, 7, 0, 0, 0],
    [0, 21, 0, 13, 5, 0, 0],
    [0, 7, 13, 0, 0, 5, 0],
    [0, 0, 5, 0, 0, 16, 22],
    [0, 0, 0, 5, 16, 0, 25],
    [0, 0, 0, 0, 22, 25, 0]
]

for i in range(len(AM)):
    print(AM[i])
```

出力
```
[0, 17, 0, 0, 0, 0, 0]
[17, 0, 21, 7, 0, 0, 0]
[0, 21, 0, 13, 5, 0, 0]
[0, 7, 13, 0, 0, 5, 0]
[0, 0, 5, 0, 0, 16, 22]
[0, 0, 0, 5, 16, 0, 25]
[0, 0, 0, 0, 22, 25, 0]
```

　この隣接行列では，頂点数が n のグラフに対して，$n \times n = O(n^2)$ のサイズの 2 次元配列が必要となる．また，各頂点のすべての辺を調べるという操作に必要な時間計算量は $O(n)$ である．したがって，隣接行列は，グラフに辺が少ない場合は記憶領域や時間計算量の面であとで述べる隣接リストより不利であり，辺が多いグラフを格納する場合に向いているデータ構造である．

8.2.2　隣接リスト

　隣接リストは，各頂点に対して，その頂点と辺で結ばれている頂点を，第 2 章で紹介した連結リストを用いて格納するデータ構造である．図 8.4(a), (b) に，図 8.2 のグラフの隣接リストの例をそれぞれ示す．頂点数が n のグラフに対応する隣接リストを作成するには，まず，サイズ n の 1 次元配列 AL を準備する†．この配列の n 個の格納場所は各頂点を表し，それぞれの頂点の連結リストを指し示すポインタとなっている．次に，i 番目の頂点について，j 番目の頂点への辺が存在する場合，j 番目の頂点に相当するレコードを作成し，そのレコードを i 番目の頂点に対応する連結リストに追加する．この操作をすべての辺について実行することにより，グラフを表す隣接リストが得られる．

　以下に，図 8.4(a) の隣接リストを Python により実現した例を示す．隣接リストにお

---

†　隣接リストは英語で adjacency list であるため，配列名として AL を用いる．

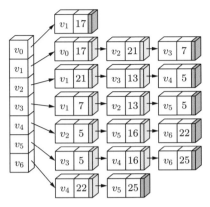
（a）図 8.2(a) のグラフを表す隣接リスト

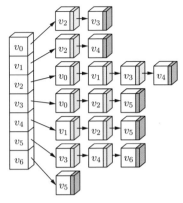
（b）図 8.2(b) のグラフを表す隣接リスト

図 8.4　図 8.2 のグラフを表す隣接リスト

いて，連結リスト部分はさまざまな方法で実現できる．2 章で説明した連結リストを用いるのが本来の定義に従った方法だが，ここでは，Python のリストを効果的に用いて，各頂点ごとの隣接頂点の集合をリストで定義している．

アルゴリズム 8.2　隣接リスト

```
AL = [
    [[1, 17]],
    [[0, 17], [2, 21], [3, 7]],
    [[1, 21], [3, 13], [4, 5]],
    [[1, 7], [2, 13], [5, 5]],
    [[2, 5], [5, 16], [6, 22]],
    [[3, 5], [4, 16], [6, 25]],
    [[4, 22], [5, 25]]
]

for i in range(len(AL)):
    print(AL[i])
```

出力
```
[[1, 17]]
[[0, 17], [2, 21], [3, 7]]
[[1, 21], [3, 13], [4, 5]]
[[1, 7], [2, 13], [5, 5]]
[[2, 5], [5, 16], [6, 22]]
[[3, 5], [4, 16], [6, 25]]
[[4, 22], [5, 25]]
```

この隣接リストは，各頂点に対して隣接頂点の情報しか格納しないので，頂点の数が n，辺の数が m のグラフに対して，$O(n + m)$ のサイズの記憶領域しか必要としない．また，各頂点につながるすべての辺を調べるという操作は，各頂点が隣接する辺の数に

比例する時間で実行できる．したがって，隣接リストは，辺の数が少ない場合は隣接行列より有利な面が多いデータ構造である．しかし，隣接リストは，二つの頂点間に辺があるかどうかは $O(1)$ 時間では判定できないという欠点ももっている．

8.3　グラフの探索

　グラフにおける基本的な操作の一つに探索がある．グラフの探索とは，始点となる頂点を指定し，何らかの順序で始点からすべての頂点を 1 回ずつ調査する操作である．ただし，新しい頂点の探索は，必ずすでに調査が済んだ頂点に隣接する頂点に対して行われる．たとえば，図 8.2(a) のグラフにおいて，始点を v_6 とすると，$v_6 \to v_4 \to v_5 \to v_2 \to v_3 \to v_1 \to v_0$ や $v_6 \to v_4 \to v_2 \to v_1 \to v_0 \to v_3 \to v_5$ という順序でグラフを調査することが探索である．

　このグラフの探索は，辺でつながっているすべての頂点の集合（連結成分とよばれる）を求めたり，辺集合の部分集合ですべての頂点を連結する木（全域木とよばれる）を求めたりすることが可能であるなど，数多くの応用があるため，グラフに対して頻繁に用いられる操作である．

　グラフにおける探索ではどのような順序で頂点を調査してもよいのだが，コンピュータ上では，何らかの定められた順序に従って行うほうが実行しやすい．以下では，グラフの探索において代表的な手法である，幅優先探索と深さ優先探索という二つの手法について，考え方と実現方法を順番に説明する．

8.3.1　幅優先探索

　幅優先探索は，始点となる頂点からの距離の順番に頂点の調査を行うアルゴリズムである．幅優先探索では，まず始点となる頂点を調査し，次に始点に隣接する頂点をすべて調査する．その後は，調査した頂点に隣接する頂点を調べるという操作を，未調査の頂点がなくなるまで繰り返す．なお，複数の隣接頂点はどのような順番で調査してもよいのだが，ここでは，頂点の名前の番号が小さい順に調査を行うものとする．

　このアイデアは，先入れ先出し (FIFO) の順でデータを出し入れするキュー（2.3 節参照）を用いることにより，以下のような操作として具体化できる．

① キュー Q を空にしたあとに，始点 v_s をキュー Q に加える．
② キュー Q が空でない間，以下の操作 ②–1，②–2，②–3 を実行する．

②–1　キュー Q から頂点を取り出す（取り出した頂点を v_k とする）．
②–2　v_k を調査済みとする．
②–3　v_k に隣接する頂点のうち，キュー Q に追加されていない，かつ，調査済みでない頂点をすべてキュー Q に追加する．

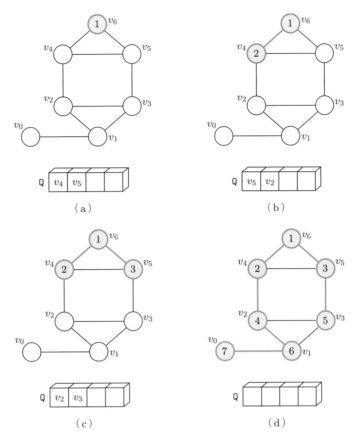

図 8.5　幅優先探索の実行例

　例として，図 8.2(a) のグラフに対して v_6 を始点として幅優先探索を行う様子を，図 8.5 に示す．なお，辺のデータは，幅優先探索においては関係がないので削除した．各頂点の中の数字が調査の順番を表している．

　この例では，まず図 (a) に示すように，始点である頂点 v_6 がキュー Q から取り出され，調査済みとされる（調査済みの頂点は色を付けて表す）．併せて，v_6 の隣接頂点 v_4 と v_5 がキュー Q に追加される．

　次に，図 (b) に示すように，v_4 がキュー Q から取り出されて調査済みとなり，隣接する頂点である v_2 がキュー Q に追加される．同様に，図 (c) に示すように，頂点 v_5 がキュー Q から取り出されて調査済みとなり，隣接する頂点として v_3 がキュー Q に追加される．この操作を繰り返すと，図 (d) に示すようにすべての頂点が調査済みとなり，幅優先探索の操作が終了する．

　この例からわかるように，幅優先探索では，始点に近い頂点から遠い頂点に向かって調査を行っていく．したがって，図 8.5 において太線で示すような，始点からすべての頂点への幅優先探索木を構成することができる．この木は，始点から各頂点への経路のうち，含まれる頂点の個数が最小のものを表している．

　それでは，この幅優先探索を具体的なアルゴリズムとしてまとめよう．このアルゴリズムでは，各頂点 v_i に対して，キューに追加済みか否かを表す配列 in_Q[i] と，幅優先探索の探索順を表す配列 BFS[i] を用いている．ここで，in_Q[i] は，頂点 v_i がキューに追加されていない場合は値が 0 となり，追加済みの場合は値が 1 となる．一方，配列 BFS[i] は，頂点 v_i が未調査の場合は値が 0 であり，調査済みの場合は幅優先探索の探索順位が格納される．

　なお，入力のグラフは，図 8.2 の (a) のグラフが前述の連結リストで与えられるものとする．また，キューは，2.3.2 項の Python コラム 5 にて説明した deque 型を用いて実現している．

アルゴリズム 8.3　幅優先探索

```python
from collections import deque

AL = [
    [[1, 17]],
    [[0, 17], [2, 21], [3, 7]],
    [[1, 21], [3, 13], [4, 5]],
    [[1, 7], [2, 13], [5, 5]],
    [[2, 5], [5, 16], [6, 22]],
    [[3, 5], [4, 16], [6, 25]],
    [[4, 22], [5, 25]]
]
n = len(AL)

in_Q = [0 for _ in range(n)]    # 配列in_Qのすべての要素を0で初期化
BFS = [0 for _ in range(n)]     # 配列BFSのすべての要素を0で初期化

Q = deque()      # Qを空のキューとして準備
Q.append(6)      # 始点としてv6をキューに格納

s_index = 1      # s_indexは探索順を表す変数

while len(Q) > 0:           # キューが空でない間while文を実行
    v = Q.popleft()        # キューから頂点を取り出す（dequeue操作）
    BFS[v] = s_index        # 頂点vの探索順を格納
    s_index += 1
    for e in AL[v]:         # vのすべての隣接頂点に以下を実行
        w = e[0]            # 隣接頂点をwとする
        if in_Q[w] == 0 and BFS[w] == 0:    # wがキューに含まれておらず未調査なら
            Q.append(w)                      # キューにwを追加（enqueue操作）
            in_Q[w] = 1

print(BFS)
```

出力
```
[7, 6, 4, 5, 2, 3, 1]
```

それでは，このアルゴリズム 8.3 の時間計算量を考えてみよう．まず，アルゴリズム
で用いられているキューに対する追加（enqueue 操作）と取り出し（dequeue 操作）に
ついては，2.3 節で説明したとおり，時間計算量は $O(1)$ である．また，最初の二つの配
列を初期化する操作の時間計算量は $O(n)$ である．

次に，アルゴリズム中の while 文の実行回数を考えると，この while 文を 1 回実行す
ることにより，一つの頂点が調査済みになるので，while 文の実行回数は n 回である．

最後に検討が必要な繰り返しは，while 文中の「v のすべての隣接頂点に以下を実行」
という部分である．ここで実行されているのは「一つの頂点に対して隣接する頂点を
すべてチェックする」という操作である．この操作は，グラフを格納するデータ構造
（8.2 節参照）により時間計算量が異なる．グラフが隣接行列で格納されている場合は，
隣接する頂点をすべてチェックするのに必要な時間計算量は $O(n)$ である．一方，今
回紹介した隣接リストで格納されている場合は，チェックに必要な時間計算量は，「そ
の頂点が隣接している頂点数」に比例する．つまり，while 文全体で必要な時間計算量
は，隣接行列で表されている場合は $O(n \times n) = O(n^2)$ であり，隣接リストの場合は
$O\left(\sum_{i=0}^{n-1} 頂点 v_i が隣接する頂点数\right) = O(m)$ である（m はグラフの辺の数を表して
いる）．

したがって，幅優先探索全体の時間計算量は，頂点数を n，辺の数を m とすると，グ
ラフが隣接行列で表されている場合は $O(n + n^2) = O(n^2)$，隣接リストで表されている
場合は $O(n + m)$ となる．つまり，幅優先探索を実行する場合は，グラフを隣接リスト
として格納しておくほうが効率がよいことがわかる．

8.3.2 深さ優先探索

深さ優先探索は，その名のとおり，始点となる頂点から可能なかぎりグラフを「深く」
探索していくアルゴリズムである．まず始点となる頂点を調査し，次に隣接する頂点の
一つを調査する．その後は，隣接する未調査の頂点を繰り返し調査していく．ただし，
この繰り返しにおいて，隣接頂点がすべて調査済みの頂点となる場合があるが，この場
合でも，グラフ全体のすべての頂点について調査が済んでいるとは限らない．そこで，
この場合は，隣接頂点の調査が済んでいない頂点まで後戻りすることにより，未調査の
頂点を見つけて調査を繰り返していく．

この動作からわかるとおり，第 7 章で取り上げたバックトラック法は，列挙木に対し
て深さ優先探索を用いて解の列挙を行っている．このように，目的とする頂点が始点か
ら離れたところに存在するような場合は，深さ優先探索を用いるほうが有利になること
が多い．

では，上記のアイデアを具体化する方法を考えよう．深さ優先探索は，後入れ先出し
(LIFO) の順でデータを出し入れするスタック（2.3 節参照）を用いることにより，以下
のような操作として実現できる．

① スタック S を空にしたあとに，始点 v_s をスタック S に加える.

② スタック S が空でない間，以下の操作②–1, ②–2 を実行する.

②–1 スタック S から頂点を取り出す（取り出した頂点を v_k とする）.

②–2 v_k が調査済みでなければ，以下の②–2–1 と②–2–2 を実行する.

②–2–1 v_k を調査済みとする.

②–2–2 v_k に隣接する頂点のうち，調査済みでない頂点をすべてスタック S に追加する.

深さ優先探索の例として，図 8.2(a) のグラフに対して v_6 を始点として深さ優先探索を行う様子を，図 8.6 に示す.

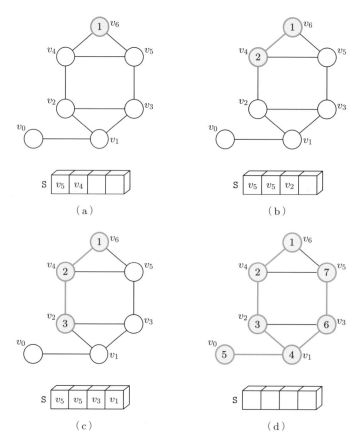

図 8.6　深さ優先探索の実行例

この例では，図 (a) に示すように，最初は始点である頂点 v_6 がスタック S から取り出されて調査済みとされ，隣接する頂点 v_4 と v_5 がスタック S に追加される. なお，スタックに追加する順序が幅優先探索の場合と逆であるが，これは，小さい値の頂点が先に取り出されるようにするためである.

　次に，図 (b) に示すように，v_4 がスタック S から取り出されて調査済みとなり，隣接する頂点である v_2 と v_5 がスタック S に追加される．なお，この例に示すように，未調査の頂点は重複してスタックに追加される場合があることに注意しよう．

　さらに，図 (c) に示すように，頂点 v_2 がスタック S から取り出されて調査済みとなり，隣接する頂点として v_1 と v_3 がスタック S に追加される．この操作を繰り返すと，図 (d) に示すような順番ですべての頂点が調査済みとなり，深さ優先探索の操作が終了する．

　この深さ優先探索を具体的なアルゴリズムとしてまとめると，以下のようになる．このアルゴリズムでは，幅優先探索のときと同様に，各頂点 v_i に対して幅優先探索の探索順を表す配列 DFS[i] を用いている．また，スタックは，2.3.1 項の Python コラム 4 にて説明した，deque 型を用いる方法で実現している．

アルゴリズム 8.4　深さ優先探索

```python
from collections import deque

AL = [
    [[1, 17]],
    [[0, 17], [2, 21], [3, 7]],
    [[1, 21], [3, 13], [4, 5]],
    [[1, 7], [2, 13], [5, 5]],
    [[2, 5], [5, 16], [6, 22]],
    [[3, 5], [4, 16], [6, 25]],
    [[4, 22], [5, 25]]
]
n = len(AL)

DFS = [0 for _ in range(n)]     # 配列DFSのすべての要素を0で初期化

S = deque()     # Sを空のスタックとして準備
S.append(6)     # 始点としてv_6をスタックに格納

s_index = 1     # s_indexは探索順を表す変数

while len(S) > 0:     # スタックが空でない間while文を実行
    v = S.pop()       # スタックから頂点を取り出す（pop操作）
    if DFS[v] == 0:
        DFS[v] = s_index     # 頂点vの探索順を格納
        s_index += 1
        for e in reversed(AL[v]):     # vのすべての隣接頂点に以下を実行
            w = e[0]                  # 隣接頂点をwとする
            if DFS[w] == 0:           # wが未調査なら
                S.append(w)           # スタックにwを追加

print(DFS)
```

出力
```
[5, 4, 3, 6, 2, 7, 1]
```

　アルゴリズム 8.4 の時間計算量は，幅優先探索のアルゴリズム 8.3 と同様の理由で，頂点数を n，辺数を m とすると，グラフが隣接行列で表される場合は $O(n^2)$，隣接リストで表されている場合は $O(n + m)$ となる．

　なお，深さ優先探索は，その性質から，再帰アルゴリズムとしての実現も容易である．再帰アルゴリズムとしての実現を章末の演習問題としているので，どのようなアルゴリズムになるのかを考えてほしい．

8.4　最短経路問題

8.4.1　最短経路問題とは

　グラフを対象とした問題は非常に多い．最後に，その一例として，最短経路問題を紹介しよう．最短経路問題は，入力として辺に正の実数のデータ（重み）の付いたグラフとグラフ中の二つの頂点が始点と終点として与えられたときに，始点から終点までの経路の中から，経路に含まれる辺に与えられた重みの和が最小になるような経路を求める問題である．たとえば，図 8.1(a) の鉄道の路線図を抽象化したグラフ（図 8.2(a)）が入力として与えられ，頂点 v_0 と v_6 がそれぞれ始点と終点として指定された場合を考えよう．このとき，始点から終点への経路は何種類か考えられるが，辺に与えられた重みの和が最小となる経路は $(v_0, v_1, v_3, v_5, v_6)$ で，経路の長さ（経路に含まれる辺の重みの和）は 54 である．

　例からわかるように，この最短経路問題は，Web などで提供される図 8.7 のような鉄道の乗換案内システムや，カーナビなどの道路案内システムにおいて頻繁に用いられている実用的な問題である．

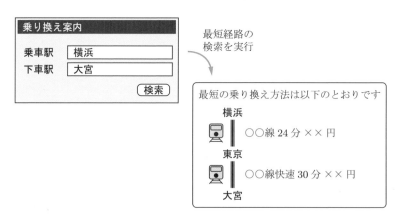

図 8.7　最短経路問題の実用例

この最短経路問題について，どのようなアルゴリズムが考えられるだろうか．一番単純なアルゴリズムは，始点から終点までの考えられる経路をすべて列挙し，一つひとつの経路について経路の長さを計算することにより，重みの和が最小の経路を求めるという方法だろう．しかし，始点から終点までの経路は，頂点数を n とすると，最悪の場合は $O(n!)$ 個存在することが簡単にわかるので，この単純なアルゴリズムの最悪時間計算量は $O(n!)$ となる．この時間計算量は，n が大きくなると非常に大きくなってしまうので，別の効率のよいアルゴリズムが必要である．

8.4.2 ダイクストラ法

それでは，この問題を効率よく解く代表的なアルゴリズムである，ダイクストラ法について説明していこう．このダイクストラ法は，6.2 節で説明したグリーディ法に基づくアルゴリズムである．このアルゴリズムでは，始点から終点までの正確な最短経路を求めることができるだけでなく，始点からその他のすべての頂点への最短経路を一度に求めることができる．

ダイクストラ法の基本的なアイデアは以下のとおりである．このアルゴリズムでは，グリーディ法に基づき，始点から近い頂点を順番に選んでいき，その選んだ頂点に隣接する頂点までの距離を再計算するという操作を繰り返す．この操作をすべての頂点が選ばれるまで繰り返すことにより，始点からの最短経路が求められる．

アルゴリズムの動作をもう少し詳細に説明していこう．はじめに，各頂点 v_i について，始点からの距離を格納する変数 d_i を定義する．この変数 d_i は，始点は 0，始点以外はすべて無限大に初期化され，アルゴリズムの実行中に適宜変更されることにより，アルゴリズム終了時には始点からの最短経路の長さを格納する．次に，選んだ頂点を表す集合として集合 S を準備する．この S はグリーディ法に基づいて選んだ頂点を保存する集合で，アルゴリズム実行前は空集合として初期化される．また，二つの頂点 v_i と v_j の間の辺の重みは，$e(v_i, v_j)$ で表されるものとする．

ダイクストラ法のアルゴリズムでは，前述のアイデアに基づき，以下の操作が繰り返し実行される．

① 集合 S に含まれない頂点のうち，始点からの距離を表す変数 d_i の値がもっとも小さい頂点 v_k を選ぶ．
② 頂点 v_k を S に加える．
③ 頂点 v_k に隣接する頂点のうち S に含まれないすべての頂点について，始点からの距離を格納する変数 d_i を再計算する．

この操作の中で，少しわかりにくいのは③であるので，この部分についてもう少し詳しく説明する．

選ばれた頂点 v_k に対して，その頂点に接し，S に含まれない頂点が v_j であるとする．図 8.8 にその状況を示す．前に述べたように，始点から頂点 v_j までの暫定的な距離は，

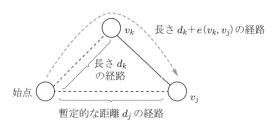

図 8.8 変数 d_j の再計算

変数 d_j に格納されている．このとき，再計算とは，「暫定的な距離 d_j と頂点 v_k を経由して頂点 v_j に到達する場合の距離 $d_k + e(v_k, v_j)$ を比較し，小さいほうの値を d_j に格納する」という処理である．つまり，この再計算の処理は，以下の式で表される．

$$d_j = \min\{d_j,\ d_k + e(v_k, v_j)\}$$

8.4.3 ダイクストラ法の動作例

以上がアルゴリズムの概要であるが，これだけではわかりにくいので，この概要に基づいたアルゴリズムの動作例を説明しよう．

図 8.2 (a) のグラフを入力とし，始点は頂点 v_0 とする．このとき，アルゴリズム実行前の集合 S と各頂点 v_i の変数 $d_0 \sim d_6$ は以下のとおりである．

初期値：$S = \phi$,

d_0	d_1	d_2	d_3	d_4	d_5	d_6
0	∞	∞	∞	∞	∞	∞

それでは，アルゴリズムの実行を考えていく．前述の操作①〜③の最初の実行を考える．このとき，①の実行により，S に含まれず d_i がもっとも小さい頂点として始点 v_0 が選択され，②により v_0 は S に加えられる．また，v_0 に接する頂点は v_1 のみなので，③において先の式により計算を行うと，$d_1 = \min\{\infty, 0 + 17\} = 17$ である．したがって，①〜③の実行により，集合 S と変数 $d_0 \sim d_6$ は以下のようになる．

1 回目：$S = \{v_0\}$,

d_0	d_1	d_2	d_3	d_4	d_5	d_6
0	17	∞	∞	∞	∞	∞

次に，前述の操作①〜③を繰り返す．①により選択される頂点は v_1 であり，②により S に v_1 を加えたあとに，③において v_1 に接する頂点について再計算が行われる．v_1 に接して S に含まれない頂点は v_2, v_3 なので，それぞれについて再計算を行うと，$d_2 = \min\{\infty, 17 + 21\} = 38$, $d_3 = \min\{\infty, 17 + 7\} = 24$ であり，集合 S と変数 $d_0 \sim d_6$ は以下のようになる．

2 回目：$S = \{v_0, v_1\}$,

d_0	d_1	d_2	d_3	d_4	d_5	d_6
0	17	38	24	∞	∞	∞

以降は同様の操作の繰り返しのため説明は省略するが，前述の操作①〜③をすべての頂点が S に含まれるまで繰り返した場合の集合 S と変数 $d_0 \sim d_6$ は以下のようになり，

繰り返し終了時には，変数 $d_0 \sim d_6$ に始点から各頂点への最短経路の長さが格納されている．

3 回目：$S = \{v_0, v_1, v_3\}$,

d_0	d_1	d_2	d_3	d_4	d_5	d_6
0	17	37	24	∞	29	∞

4 回目：$S = \{v_0, v_1, v_3, v_5\}$,

d_0	d_1	d_2	d_3	d_4	d_5	d_6
0	17	37	24	45	29	54

5 回目：$S = \{v_0, v_1, v_2, v_3, v_5\}$,

d_0	d_1	d_2	d_3	d_4	d_5	d_6
0	17	37	24	42	29	54

6 回目：$S = \{v_0, v_1, v_2, v_3, v_4, v_5\}$,

d_0	d_1	d_2	d_3	d_4	d_5	d_6
0	17	37	24	42	29	54

7 回目：$S = \{v_0, v_1, v_2, v_3, v_4, v_5, v_6\}$,

d_0	d_1	d_2	d_3	d_4	d_5	d_6
0	17	37	24	42	29	54

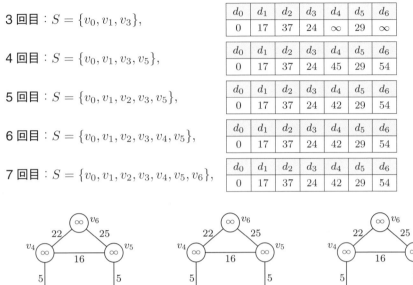

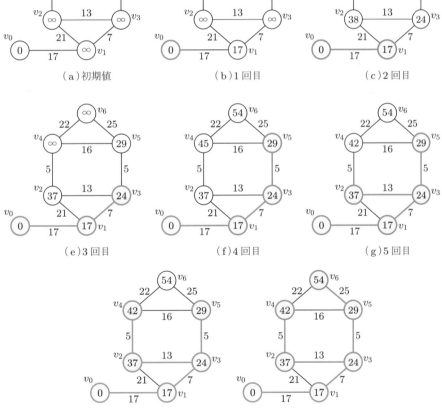

図 8.9　ダイクストラ法の実行例

　また，各繰り返しにおけるグラフの様子を図 8.9 に示す．図 (a)〜(i) は，繰り返しの初期値から 7 回目までのグラフを表している．また，各頂点内の数字は d_i の値を表しており，S に含まれる頂点は色付きの円となっている．また，各頂点が S に含まれる場合に，その距離 d_i の計算に用いた辺を太い線で表している．この太い線は，アルゴリズム終了時の図 (i) では，各頂点に対する始点からの最短経路の辺を表している．

8.4.4　ダイクストラ法の実現

　以下に，このダイクストラ法のアルゴリズムをまとめる．入力は，図 8.2(a) のグラフが連結リストで与えられるものとする．始点から各頂点 v_i までの距離 d_i はリストの D[i] に格納されており，Python の集合を表す型である set 型を用いて集合 S を定義している．また，リストの D において S に含まれない頂点の最小値を min 関数を用いて求めており，その最小値が格納されている場所（頂点番号）を，リストに対する index メソッドを用いて求めている．これらの Python の関数やメソッドの詳細については，参考文献を参照してほしい．

アルゴリズム 8.5　ダイクストラ法

```
AL = [
    [[1, 17]],
    [[0, 17], [2, 21], [3, 7]],
    [[1, 21], [3, 13], [4, 5]],
    [[1, 7], [2, 13], [5, 5]],
    [[2, 5], [5, 16], [6, 22]],
    [[3, 5], [4, 16], [6, 25]],
    [[4, 22], [5, 25]]
]
n = len(AL)


v_s = 0     # 開始頂点v_sは0


V = list(range(n))                        # Vは頂点集合を表すリスト
D = [float('inf') for _ in range(n)]      # float型の'inf'は無限大を表す
S = set()                                 # Sを空集合として初期化


D[v_s] = 0
for i in range(n):
    v_k = D.index(min(D[v_i] for v_i in V if v_i not in S))
                # 始点からの距離が最小で，かつSに含まれない頂点v_kを選ぶ
    S.add(v_k)     # 上式で選んだv_kをSに加える
    for (v_j, e_kj) in AL[v_k]:                   # v_kの隣接頂点v_jについて
        if v_j not in S:                          # v_jがSに含まれなければ
            D[v_j] = min(D[v_j], D[v_k] + e_kj)   # 始点からの距離を再計算


print(D)
```

出力

```
[0, 17, 37, 24, 42, 29, 54]
```

最後に，頂点数が n，辺の数が m であるグラフに対するアルゴリズム 8.5 の時間計算量について考える．アルゴリズム 8.5 には，主として n 回ループする for 文が存在し，また，その中で「始点からの距離が最小で，かつ S に含まれない頂点 v_k を選ぶ」という処理に $O(n)$ の時間計算量が必要である．したがって，アルゴリズム全体の時間計算量は $O(n^2)$ となる．

ただし，始点からの距離を第 5 章で説明したヒープを用いて管理するなど，いくつかの修正を加えることにより，アルゴリズムの時間計算量を $O(m \log n)$ にできることが知られている．しかし，本章の最初で述べたように，辺の数 m の最大値は $n(n-1)/2$ なので，辺の数が多い場合は，アルゴリズムの時間計算量は $O(m \log n) = O(n^2 \log n)$ となる．よって，この修正されたアルゴリズムは，辺の数が少ないときのみ時間計算量が改善されることがわかる．

なお，このダイクストラ法の説明では，簡単に理解できるように最短経路の長さのみを求め，実際の最短経路を求める部分については省略している．しかし，図 8.9 からもわかるように，このアルゴリズムを少し修正するだけで，最短経路自体も簡単に求めることができる．また，このダイクストラ法はグリーディ法のアイデアを使っているが，辺の重みが正ならば，どのようなグラフについても正確に最短経路が求められることが理論的に証明されている．

● **Python コラム 13 （Python におけるグラフアルゴリズム）** ●

Python には，グラフを扱うライブラリとして NetworkX というパッケージがあり，さまざまなグラフアルゴリズムを簡単に利用することができる．たとえば，図 8.2(a) のグラフに対するダイクストラ法による最短経路の計算は以下のように記述でき，おもな部分は 1 行で実行可能である．

アルゴリズム 8.6　Python の NetworkX を用いたダイクストラ法の実行

```python
import networkx

V = [0, 1, 2, 3, 4, 5, 6]      # 頂点の定義
E = [                          # 辺の定義
    (0, 1, 17),
    (1, 2, 21), (1, 3, 7),
    (2, 3, 13), (2, 4, 5),
    (3, 5, 5),
    (4, 5, 16), (4, 6, 22),
    (5, 6, 25)
]

G = networkx.Graph()           # グラフの初期化
```

```
G.add_nodes_from(V)            # グラフの頂点追加
G.add_weighted_edges_from(E)   # グラフの辺追加

# 以下の1行で，始点をv_0，終点をv_6としてダイクストラ法を実行
shortest_path = networkx.dijkstra_path(G, 0, 6)

print(shortest_path)
```

出力
```
[0, 1, 3, 5, 6]
```

　これ以外にも，本章で紹介した幅優先探索や深さ優先探索はもちろんのこと，連結成分，最小全域木，マッチング，ネットワークフローといった主立ったグラフアルゴリズムがライブラリとして実装されており，手軽にこれらのアルゴリズムを実行することができる．

● 第8章のポイント ●

1. グラフとは，データの関係を視覚的に表すための数学的な抽象概念であり，頂点および辺の集合で構成される．また，グラフに含まれる二つの頂点は，一般に頂点の列により結ばれており，この頂点の列のことを頂点間の経路とよぶ．

2. アルゴリズム中でグラフを格納する方法としては，隣接行列と隣接リストという二つのデータ構造が一般に使われている．隣接行列は，2次元配列を用いて各辺の情報を格納するデータ構造であり，辺が多いグラフを格納する場合に向いている．隣接リストは，各頂点に対して，その頂点に隣接する頂点の情報を連結リストを用いて格納するデータ構造であり，辺の数が少ないグラフを格納する場合に向いている．

3. グラフの探索とは，始点となる頂点を指定し，始点からすべての頂点を1回ずつ調査する操作である．このグラフの探索については，幅優先探索と深さ優先探索という二つの方法が知られている．頂点の数が n，辺の数が m の場合，どちらの探索方法も，グラフが隣接行列で表される場合は $O(n^2)$，隣接リストで表される場合は $O(n + m)$ という時間計算量で実行できる．

4. 最短経路問題とは，与えられたグラフに対し，グラフ中の二つの頂点間の最短の経路を求める問題である．この最短経路問題に対しては，ダイクストラ法という効率のよいアルゴリズムが知られており，このアルゴリズムを用いることにより，頂点の数が n のグラフに対して $O(n^2)$ 時間で最短経路を求めることができる．

● 演習問題

8.1　以下の文章の①～⑤について，それぞれ正しい記号を下から選べ．正しい記号が複数存在する場合はすべて列挙せよ．

　情報科学の分野で用いられるグラフは（　①　）であり，日常では（　②　）などとして用いられている．また，このグラフは，（　③　）．

　グラフを格納するための代表的なデータ構造としては，隣接行列と隣接リストがあるが，辺が少ないグラフを格納する場合は，記憶領域の面では（　④　）である．また，二つの頂点間に辺があるかないかを頻繁に調べる場合は，（　⑤　）である．

①：a. $y = x^2$ などの関数の値を 2 次元平面上にプロットしたもの
　　b. データの関係を視覚的に表す抽象概念
　　c. 全順序関係をもつデータを特定の順序で記憶するためのデータ構造
　　d. $O(1)$ 時間で探索を実行するためのデータ構造
②：a. 電車の時刻表　　　　　b. データ分布を表す円グラフ
　　c. 高速道路の路線図　　　d. ネットワークの配線図
③：a. 頂点の集合と二つの頂点を結ぶ辺の集合で構成される
　　b. 2 頂点間に必ず辺が存在する
　　c. 必ず根とよばれる頂点がある
　　d. 辺の数が m の場合，頂点数は $m(m-1)/2$ 以下である
④：a. 隣接行列のほうが有利　　　　　b. 隣接リストのほうが有利
　　c. 隣接行列でも隣接リストでも同じ　　d. 隣接行列や隣接リストでは不十分
⑤：a. 隣接行列のほうが有利　　　　　b. 隣接リストのほうが有利
　　c. 隣接行列でも隣接リストでも同じ　　d. 隣接行列や隣接リストでは不十分

8.2　深さ優先探索のアルゴリズムを，再帰アルゴリズムとして記述せよ．

8.3　図 8.2(a) のグラフに対して，始点を v_2 として，幅優先探索と深さ優先探索を実行せよ．なお，図 8.5(d) および図 8.6(d) と同様の図を示すこと．

8.4　図 8.10 のグラフに対する以下の問いに答えよ．
(1)　このグラフを表す隣接行列を示せ．
(2)　このグラフを表す隣接リストを示せ．
(3)　このグラフに対してダイクストラ法を適用し，頂点 v_0 からその他の頂点への最短経路の長さを求めよ．

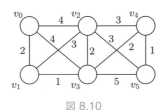

図 8.10

8.5　ダイクストラ法は，辺の重みが負である場合は正常に動作しない場合がある．ダイクストラ法が正常に動作しないような，負の重みをもつ辺が存在するグラフの例を示せ．

9 文字列照合アルゴリズム

◆**keywords**◆
文字列照合，テキスト，パターン，ホールスプールのアルゴリズム

　本章では，文字列照合という，長い文章から特定の文字列を検索する操作に対するアルゴリズムを紹介する．この文字列照合は，コンピュータ上におけるテキストエディタやワードプロセッサの基本機能として実装されているだけでなく，インターネット上の情報検索システムの基本ともいえる操作である．ここでは，文字列照合の定義について説明するとともに，ホールスプールのアルゴリズムという効率のよい文字列照合アルゴリズムを紹介する．

9.1 文字列照合とは

　本章で取り扱う文字列照合という操作は，コンピュータを使用するうえで非常に役立つ機能である．たとえば，テキストエディタにおける文字列照合は，図 9.1 のように，作成中の文章から指定した検索文字列を探したり，置換したりする操作である．また，インターネットにおける情報検索システムでは，数十億の Web サイトに対して，入力した文字列の照合を実行することにより，検索文字列を含むページの一覧が表示される．さらに，遺伝子情報解析の研究においても，A, T, G, C というタンパク質の列である DNA に対して，特定の遺伝的特徴をもつ DNA のパターンを検索するために，文字列照合が利用されている．

　このようにさまざまな分野で利用される文字列照合であるが，入出力を明確にするた

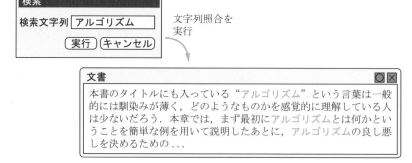

図 9.1　コンピュータ上での文字列照合

めに，ここでは以下のように定義する．

◆ **定義 9.1　文字列照合**

　文字列照合とは，文字型の配列 T[0], T[1], ..., T[n-1] に格納された n 文字のテキストと，文字型の配列 P[0], P[1], ..., P[m-1] に格納された m 文字のパターンを入力とし，それに対して，T[i] = P[0], T[i+1] = P[1], ..., T[i+m-1] = P[m-1] を満たす最小の i を求める操作である．

　この定義を易しく言い換えると，文字列照合とは，「テキスト中でパターンと一致する部分が最初に出てくる場所を見つける」操作であるということになる．つまり，一般には，テキストとパターンが一致する部分は複数存在するかもしれないが，ここではテキスト中で最初に出現する場所のみを見つければよいものとしている（後続の一致する部分を見つける場合は，文字列照合を行うアルゴリズムを繰り返し適用すればよい）．

　この文字列照合の例として，"she sells sea shells by the sea shore." という文章をテキストとし，"shell" という語をパターンとする場合の入力例を図 9.2 に示す．この入力例の場合，テキストの T[14]～T[18] とパターンの P[0]～P[4] が一致するので，文字列照合の出力は 14 という値になる．

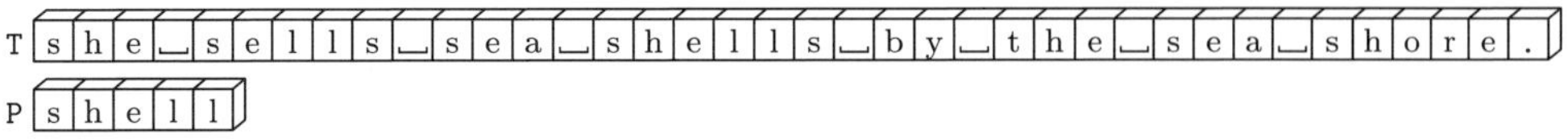

T | she␣sells␣sea␣shells␣by␣the␣sea␣shore.
P | shell

図 9.2　文字列照合の入力例

9.2　基本的なアルゴリズム

　それでは最初に，文字列照合を行うもっとも基本的なアルゴリズムについて考えてみよう．おそらく誰もが，以下のような手順により文字列照合が実行可能であることを簡単に理解できるだろう．

① テキストとパターンの左端をそろえる．
② テキストとパターンの先頭から，テキストとパターンが一致するかどうかを左から右にチェックする．パターンのすべての文字について一致するなら，パターンの先頭の位置を出力し，アルゴリズムを終了する．
③ テキストの照合位置を 1 文字分だけ右にずらし，②の処理に戻る．

　図 9.3 に，図 9.2 に示されているテキストとパターンに対して，このアイデアに基づいて文字列照合を実行する場合の例を示す．この例では，まずテキストとパターンの左端をそろえて左から右に照合を行うと，先頭の "she" という 3 文字は一致するが，4 文字目で文字の不一致が起こる．次に，テキストの照合位置を 1 文字分だけ右にずらして

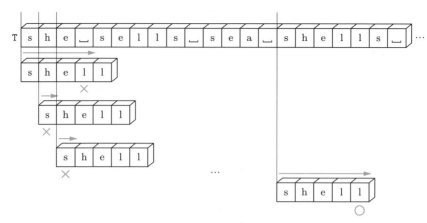

図 9.3　基本的なアルゴリズムの実行例

照合を行うが，この場合は 1 文字目で不一致が起こる．再度照合位置を 1 文字右にずらして照合を行っても 1 文字目で不一致が起こるので，さらにパターンを右にずらしていくことになる．テキストが終了するか，テキストとパターン全体が一致するまでこの処理を繰り返すことにより，文字列照合を実行できる．この例では，テキストの T[14]〜T[18] とパターン全体が一致するので，そこでアルゴリズムが終了する．

　この基本的な文字列照合アルゴリズムを以下にまとめる．以下のアルゴリズムでは，テキストに対して照合を行う位置の先頭を変数 i で表し，パターンに対して照合を行う位置を変数 j で表している．つまり，「テキストの照合位置を一つ右にずらす」という操作は，i を 1 だけ増加させることにより実行している．

アルゴリズム 9.1　基本的な文字列照合アルゴリズム

```
T = 'she sells sea shells by the sea shore.'
P = 'shell'
n = len(T)
m = len(P)

i = 0                # iはテキストに対して照合を行う位置の先頭を表す
match = 0            # matchはパターンとテキストが一致した場合に1となる
while i < n - m + 1:
    j = 0            # jはパターンに対して照合を行う位置を表す
    while j < m and T[i + j] == P[j]:
        j = j + 1
    if j == m:
        match = 1
        break
    i = i + 1        # テキストの照合位置を一つ右にずらす

if match == 1:
    print(f'パターンはテキストのT[{i}]からT[{i + m - 1}]と一致')
else:
    print('パターンはテキストと一致しない')
```

出力
パターンはテキストの T[14] から T[18] と一致

　アルゴリズム 9.1 の時間計算量を考えてみよう．もちろん，テキストの先頭部分とパターンが一致する場合は時間計算量は $O(m)$ となるが，そのような場合は非常にまれなので，テキストとパターンが一致しない場合の時間計算量を考える．アルゴリズム 9.1 は二重の while 文によって構成されているので，この二つの while 文の実行回数に着目して時間計算量を検証していこう．

　まず，最良の場合の時間計算量を考えると，パターンの先頭がテキスト中に存在しない場合（極端な例を挙げると，入力のテキストが "aaa⋯aaa" のように "a" ばかりであり，パターンが "bbb⋯bbb" のように "b" ばかりの場合）は，外側の while 文の実行回数は $n - m - 1$ であるが，内側の while 文はそれぞれ 1 回しか実行されない．したがって，この場合のアルゴリズム全体の時間計算量は $O(n - m - 1) = O(n)$ であり，これがアルゴリズムの最良時間計算量となる．

　次に，最悪の場合の時間計算量を考える．アルゴリズムの時間計算量がもっとも大きくなるのは，たとえばテキストが "aaa⋯aaa" のようにすべて同じ文字で構成され，パターンの最後の文字だけがテキスト中を構成する文字と異なり，"aaa⋯aab" のようになっている場合である．このとき，外側の while 文の実行回数は $n - m - 1$ であり，内側の while 文はつねに m 回実行される．したがって，この場合のアルゴリズムの時間計算量は $O(m \times (n - m - 1)) = O(mn)$ であり，これが最悪時間計算量となる．

● Python コラム 14　（Python での基本的な文字列照合アルゴリズム）●

　アルゴリズム 9.1 では，アルゴリズムの読みやすさと時間計算量の検証のしやすさのために二重の while 文でアルゴリズムを構成したが，Python では，文字列が一致するか否かを等価演算子 == を用いて判定できる．したがって，以下のアルゴリズムのように実装するほうがスマートだろう．

アルゴリズム 9.2　Python での基本的な文字列照合アルゴリズム（修正版）

```
T = 'she sells sea shells by the sea shore.'
P = 'shell'
n = len(T)
m = len(P)


match = 0
for i in range(n - m + 1):
    if T[i:i + m] == P:
        match = 1
        break


if match == 1:
```

```
        print(f'パターンはテキストのT[{i}]からT[{i + m - 1}]と一致')
    else:
        print('パターンはテキストと一致しない')
```

ただし，アルゴリズムの時間計算量は，アルゴリズム 9.1 と同じである．

9.3　ホールスプールのアルゴリズム

　次に，ホールスプールのアルゴリズム[†]という文字列照合アルゴリズムを説明する．このアルゴリズムは比較的単純であるが，高速に文字列照合が可能であり，長さがそれぞれ n と m となるテキストとパターンに対して，最良時間計算量が $O(n/m)$，最悪時間計算量が $O(mn)$ である．

　ホールスプールのアルゴリズムの高速化のアイデアを直感的に説明すると，「テキストとパターンの照合をパターンの右から左に向かって行い，不一致が起こった場合は，比較を行ったテキストの右端の文字の情報を利用する」ということである．このように右から照合を行うことにより，テキスト中の文字がパターン中になければ，その文字を飛び越して照合位置を変更することができる．

　このアイデアを，例を用いて説明していこう．図 9.4 に，図 9.2 の入力に対してこのアイデアを用いて文字列照合を行う場合の実行例を示す．

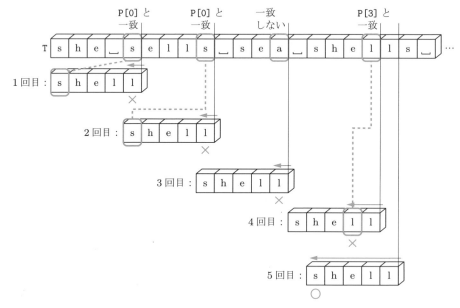

図 9.4　ホールスプールのアルゴリズムのアイデアによる文字列照合の実行例

[†]　一般には，ボイヤー－ムーア法が文字列照合アルゴリズムとして有名だが，ボイヤー－ムーア法の実装には工夫が必要であり，その実用的な改良版として提案されたのがホールスプールのアルゴリズムである．

　まず，テキストとパターンの先頭をそろえて，パターンの右から左に1回目の照合を行う．この場合は，パターンの最後の文字 P[4] = "l" がテキストの文字 "s" と不一致となるが，テキストの "s" という文字が一致しうるパターン中の文字は P[0] = "s" だけなので，P[0] とテキスト中の照合場所の "s" が一致するように照合位置を4文字分右にずらして2回目の照合を行う．2回目の照合でも，パターンの最後の文字 P[4] = "l" がテキストの文字 "s" と不一致となるので，1回目と同様に照合位置を4文字分右にずらして3回目の照合を行う．

　3回目の照合では，照合位置のテキストの文字は "a" であるが，"a" はパターンには含まれていないので，パターンがこの "a" と一致することはない．したがって，この "a" を含まないように照合位置を5文字分ずらしてから，4回目の照合が実行される．

　4回目の照合では，テキストの "l" とパターンの P[4] = "l" は一致するが，次のテキストの "e" と P[3] = "l" が一致しない．このとき，比較を行ったテキストの右端の文字は "l" であり，この文字はパターン中の文字 P[3] と一致するので，パターンとテキスト中の "l" が一致するように照合位置を1文字分右にずらして5回目の照合を行う．5回目の照合では，右から左へと照合を行うとパターン全体とテキストの文字列がすべて一致するので，アルゴリズムは終了となる．

　この例では，照合場所を右にずらす大きさを簡単に決定できるように書いたが，そのためには，「不一致が起こった場合に，比較を行ったテキストの右端の文字によって何文字分パターンをずらすか」という情報が事前にわかっていなければならないことに注意しよう．

　それでは，以下に，この考え方に基づいたアルゴリズムの概要を示そう．アルゴリズムが少々複雑なので，例とともにアルゴリズムの各ステップを説明する．なお，以下の①は不一致が起こった場合に照合位置をずらす大きさを計算しておく前処理のステップであり，②が文字列照合を実行するステップである．

① 入力テキスト中で用いられている各文字について，不一致が起こったときに比較を行ったテキストの右端の文字となった場合，照合位置を何文字分ずらすかを計算する．なお，各文字に対する，照合位置をずらす量は，配列 S に保存される．具体的には，不一致が起こった場合のテキストの右端の文字が α である場合，配列 S は以下のように計算できる．

- 文字 α がパターン中に含まれない場合：文字 α はパターンと一致することはないので，ずらす量は m となり，S[α] = m とする[†].
- 文字 α がパターン中に含まれる場合：P[i] = α の場合，ずらす量は $m-1-i$ なので，S[α] = m-1-i とする．ただし，α がパターン中に複数回現れる場合は，パターンの最初の $m-1$ 文字（P[0] から P[m-2] まで）の中で

---

† 配列の添字は一般には 0 以上の整数であるが，ここでは，4.3 節のコラムで説明した連想配列を用いて，文字を添字とする配列が使えるものとしている．

もっとも右に現れる P[i] = α を与える i に対して，S[α] = m-1-i とする．また，α がパターンの末尾 P[m-1] にしか現れない場合は，ずらす量は m であり，S[α] = m とする．

例：図 9.2 の場合，テキスト中の文字は，"a"，"b"，"e"，"h"，"l"，"o"，"r"，"s"，"t"，"y"，"."，"␣（空白）" の 12 種類である．これらの文字に対して，入力パターンが "shell" であるとき，P[0] = s，P[1] = h，P[2] = e，P[3] = l，P[4] = l なので，配列 S の値は以下のようになる．

S[a] = 5，S[b] = 5，S[e] = 2，S[h] = 3，S[l] = 1，S[o] = 5，
S[r] = 5，S[s] = 4，S[t] = 5，S[y] = 5，S[.] = 5，S[␣] = 5

② パターンの右から左に向かって照合を行う．パターン全体とテキストが一致すればアルゴリズムを終了する．一致しない場合は，比較を行ったテキストの右端の文字 α により，照合位置を S[α] だけずらし，このステップを繰り返す．

例：図 9.4 の 1 回目の照合では α = "s" であり，照合位置を S[s] = 4 だけ右にずらす．また，2 回目以降の照合において，比較を行ったテキストの右端の文字 α と照合位置をずらす量 S[α] は，以下のようになる．

2 回目：α = "s" であり，照合位置を S[s] = 4 だけ右にずらす．
3 回目：α = "a" であり，照合位置を S[a] = 5 だけ右にずらす．
4 回目：α = "l" であり，照合位置を S[l] = 1 だけ右にずらす．

このホールスプールのアルゴリズムをまとめると，以下のようになる．

アルゴリズム 9.3　文字列照合を行うホールスプールのアルゴリズム

```python
from collections import defaultdict    # 辞書の初期値設定のために導入

T = 'she sells sea shells by the sea shore.'
P = 'shell'
n = len(T)
m = len(P)

S = defaultdict(lambda: m)     # defaultdictで辞書Sの初期値をmに設定
for i in range(m - 1):         # パターンに含まれる各文字については
    S[P[i]] = m - 1 - i        # その文字のずらす量を設定

i = 0
while i < n - m + 1:
    j = m - 1
    t = T[i + j]          # tは比較を行ったテキストの右端の文字
    while j >= 0 and T[i + j] == P[j]:
        j = j - 1
```

```
        if j == -1:
            break
        else:                # 不一致が起こった場合は
            i = i + S[t]     # 事前計算のSの値だけパターンをずらす

    if j == -1:
        print(f'パターンはテキストのT[{i}]からT[{i + m - 1}]と一致')
    else:
        print('パターンはテキストと一致しない')
```

なお，連想配列 S の実現のために，Python の辞書型を拡張したデータ型である `defaultdict` を用いている．`defaultdict` は，Python の標準ライブラリの collections モジュールに含まれており，辞書に存在しないキーに対する初期値を設定することができる．アルゴリズム 9.3 においては，入力テキストで用いられるすべての文字を含む任意の添字について，その値を m に初期化したあとで，パターンに出てくる各文字について，ずらす量を計算して設定している．

それでは，アルゴリズム 9.3 の時間計算量を考えてみよう．まず，アルゴリズムの前半の for 文の時間計算量について考えると，繰り返し回数が m 回なので，for 文の計算量は $O(m)$ である．なお，その for 文の前の `defaultdict` については，すべての添字に対する初期値を設定するだけなので，定数時間で実行可能であるとする．

次に，アルゴリズム後半の while 文の時間計算量について考える．この while 文が最良の時間計算量となるのは，照合を行った位置の文字がつねにパターン中に現れない場合である．この場合は，while 文はおよそ n/m 回しか実行されないので，最良時間計算量は $O(n/m)$ となる．

しかし，この while 文の最悪時間計算量は $O(nm)$ である．なぜなら，たとえばテキストが "aaa⋯aaa" のようにすべて同じ文字で構成され，パターンの左端の文字だけがテキスト中を構成する文字と異なり，"baa⋯aaa" のようになっている場合は，基本的な文字列照合アルゴリズムと同じ動作となってしまうからである．

以上をまとめると，$m \ll n$ とすると，このアルゴリズム全体の最良時間計算量は $O(m + (n/m)) = O(n/m)$ であり，最悪時間計算量は $O(nm)$ である．ただし，このアルゴリズムを一般の文章に対して実行する場合は，最悪の時間計算量となるような文字列照合は非常にまれであり，最良の時間計算量となる場合がほとんどである．したがって，ホールスプールのアルゴリズムは，実用的には高速に動作するアルゴリズムである．

● Python コラム 15　（Python における文字列照合）

Python では，文字列照合は，文字列に対する find メソッドを用いて以下のように容易に実行できる．

アルゴリズム 9.4　Python の `find` を用いた文字列照合

```
T = 'she sells sea shells by the sea shore.'
P = 'shell'
m = len(P)


i = T.find(P)
if i == -1:      # テキストTにパターンPが含まれない場合の返り値は-1
    print('パターンはテキストと一致しない')
else:
    print(f'パターンはテキストのT[{i}]からT[{i + m - 1}]と一致')
```

　この find メソッドのいくつかの実装では，本節で紹介したホールスプールのアルゴリズムに対してさらに改良が行われた手法が使用されている.

●第 9 章のポイント●

1. 文字列照合とは，n 文字のテキストと m 文字のパターンを入力とし，テキスト中の文字列とパターンが一致する部分を見つける操作である．基本的なアルゴリズムを用いると，この文字列照合は最良時間計算量が $O(n)$，最悪時間計算量が $O(mn)$ で実行できる.

2. 高速に文字列照合を実行するホールスプールのアルゴリズムは，「テキストとパターンの照合をパターンの右から左に向かって行い，不一致が起こった場合は，比較を行ったテキストの右端の文字の情報を利用する」という考え方を用いている．ホールスプールのアルゴリズムでは，最良時間計算量が $O(n/m)$，最悪時間計算量が $O(mn)$ である.

● 演習問題

9.1　以下の文章の①〜⑧について，それぞれ正しい記号を下から選べ．①については，正しい記号が複数存在する場合はすべて列挙せよ．また，②〜⑧については，もっとも適切なものを一つだけ選ぶこと.

　文字列照合を行う基本的なアルゴリズムは，（　①　）するが，長さ n のテキストと長さ m のパターンを入力とする場合，パターンがテキスト中に存在しなければ，その最良時間計算量は（　②　）であり，最悪時間計算量は（　③　）である.

　ホールスプールのアルゴリズムとよばれる文字列照合アルゴリズムは，テキストとパターンの照合を（　④　）して行うが，これにより，不一致が起こった場合にパターンを最大（　⑤　）文字分だけ右にずらして次の比較を行うことができる．また，不一致が起こった場合は，（　⑥　）の情報を利用する．ホールスプールのアルゴリズムの最良時間計算量は（　⑦　）であり，最悪時間計算量は（　⑧　）である.

①：a. テキストとパターンをパターンの左端から比較

　　　b. テキストとパターンをパターンの右端から比較

　　　c. テキストの右端から比較を開始

　　　d. テキストの左端から比較を開始

② : a. $O(mn)$　　　b. $O(n+m)$　　　c. $O(n/m)$　　　d. $O(n)$

③ : a. $O(mn)$　　　b. $O(m)$　　　　c. $O(n/m)$　　　d. $O(n)$

④ : a. パターンの左端から比較　　　b. パターンの右端から比較

　　　c. テキストの右端から比較　　　d. テキストの左端から比較

⑤ : a. m　　　b. n　　　c. n/m　　　d. mn

⑥ : a. 比較を行ったテキストの左端の文字

　　　b. 比較を行ったテキストの右端の文字

　　　c. 比較を行ったパターンの左端の文字

　　　d. 比較を行ったパターンの右端の文字

⑦ : a. $O(mn)$　　　b. $O(m)$　　　c. $O(n/m)$　　　d. $O(n)$

⑧ : a. $O(mn)$　　　b. $O(m)$　　　c. $O(n/m)$　　　d. $O(n)$

9.2　"therefore" というパターン P[0]〜P[8] に対して，ホールスプールのアルゴリズムで用いられる配列 S[t]，S[h]，S[e]，S[r]，S[f]，S[o] の値を示せ．

9.3　"I think therefore I am." というテキスト（最初の I からピリオドまでがテキストで，空白，ピリオドなども 1 文字と数えるものとする）と "therefore" というパターンを入力として，ホールスプールのアルゴリズムを用いて文字列照合を行うとき，テキストとパターンの文字の比較は何回実行されるかを答えよ．

10 アルゴリズムの限界

◆keywords◆
問題の複雑さ，問題のクラス，クラス階層，クラス P，クラス NP，
問題の帰着，帰着可能性，NP 困難，NP 完全

これまで，さまざまな問題についての効率のよいアルゴリズムを説明してきたが，すべての問題に対して効率のよいアルゴリズムが存在するわけではない．本書の最後であるこの章では，問題の解きやすさを表す「複雑さ」という概念を説明し，この複雑さによっては，効率のよいアルゴリズムが存在しない問題が存在することを説明する．また，計算困難な問題であることを表す概念である NP 困難および NP 完全についても紹介する．

10.1 問題の複雑さとクラス

本書では，これまでにさまざまな問題に対する多くのアルゴリズムを紹介してきた．これらのアルゴリズムの時間計算量は，どれも入力サイズ n の関数として漸近的に表されているが，その値は問題によって大きく異なっている．表 10.1 に，紹介したいくつかの問題について，その問題を解くうえで漸近的にもっとも高速なアルゴリズムの名前と，最悪時間計算量のリストを示す．

表からわかるように，アルゴリズムの最悪時間計算量は問題によって大きく異なる．

表 10.1 問題とアルゴリズムの時間計算量

問　題	アルゴリズム	最悪時間計算量
未ソートのデータに 対する探索	線形探索 （アルゴリズム 4.1）	$O(n)$
ソート済みのデータに 対する探索	2 分探索法 （アルゴリズム 4.2）	$O(\log n)$
ソート	ヒープソート，マージソート （アルゴリズム 5.5，アルゴリズム 6.3）	$O(n \log n)$
分割ナップサック問題	グリーディ法 （アルゴリズム 6.5）	$O(n \log n)$
部分和問題	分枝限定法 （アルゴリズム 6.11）	$O(n2^n)$
最短経路問題	ダイクストラ法 （アルゴリズム 7.5）	$O(n^2)$

問題を解くうえでもっとも高速なアルゴリズムの最悪時間計算量を，問題の複雑さという．問題の複雑さは，その問題の解きやすさを表していると考えることができる．たとえば，n 個の未ソートのデータに対する探索の複雑さは $O(n)$ であり，n 個のソート済みのデータに対する探索の複雑さは $O(\log n)$ である．したがって，この二つの問題の複雑さを比較すると，

$$\Big[\text{未ソートのデータに対する探索の複雑さ} = O(n)\Big]$$
$$\geq \Big[\text{ソート済みのデータに対する探索の複雑さ} = O(\log n)\Big]$$

となるので，「n 個のソート済みのデータに対する探索」という問題が，「n 個の未ソートのデータに対する探索」という問題よりも解きやすいことがわかる．同じように，「n 個の荷物に対する分割ナップサック問題」と「n 個のデータに対する部分和問題」を比較すると，

$$\Big[\text{分割ナップサック問題の複雑さ} = O(n\log n)\Big]$$
$$\leq \Big[\text{部分和問題の複雑さ} = O(n2^n)\Big]$$

となり，「分割ナップサック問題」は「部分和問題」よりも解きやすいということになる．

このように，各問題について複雑さを考えていくと，同じ複雑さの問題による集合ができることがわかるだろう．このような同じ複雑さの問題の集合を，問題のクラスとよぶ．たとえば，「$O(n\log n)$ 時間で解ける問題のクラス」には，「ソート」や「分割ナップサック問題」といった問題が含まれており，また，「$O(n^2)$ 時間で解ける問題のクラス」には，「最短経路問題」が含まれる．もちろん，短い時間で解ける問題はもっと時間をかけても解くことができるので，$O(n\log n)$ 時間で解ける問題は $O(n^2)$ 時間でも解くことができ，「ソート」や「分割ナップサック問題」といった $O(n\log n)$ 時間で解ける問題も「$O(n^2)$ 時間で解ける問題のクラス」に含まれる．

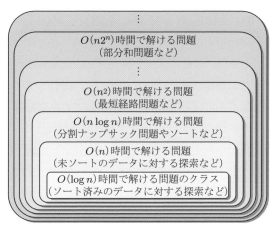

図 10.1 問題のクラス階層

　この問題のクラスを図で表すと，図 10.1 のような包含関係になっている．この包含関係を問題のクラス階層とよぶ．問題のクラス階層では，最悪時間計算量が大きい問題のクラスは，それよりも時間計算量が小さい問題のクラスを含んでいる．また，問題のクラス階層は図 10.1 に示しているものだけではなく，実際には非常に多くのクラスで構成されている．

10.2 ## クラス P とクラス NP

　このように，問題のクラス階層は多くの時間計算量のクラスで構成される．しかし，一般に，問題の複雑さについて議論する際には，問題はそれほど多くの時間計算量のクラスには分類されず，図 10.2 のように，クラス P とクラス NP という二つの時間計算量のクラスに分類される．この二つのクラスについて簡単に説明しよう．

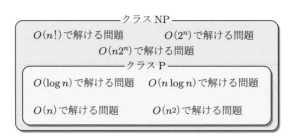

図 10.2　クラス P とクラス NP の関係

クラス P：クラス P は，アルゴリズムの時間計算量が n の多項式で表される問題のクラスである[†1]．ここで，時間計算量が n の多項式とは，ある定数 k に対して時間計算量が $O(n^k)$ であることを表している．クラス P には探索やソートといった基本的な問題が含まれており，これらの問題は，現在の計算機で比較的高速に解くことができる．

クラス NP：クラス NP の正確な定義は，「問題に対する解が与えられたとき，その解が問題の正しい解かどうかを多項式時間で確かめることができる問題のクラス」である[†2]．一般には，クラス NP に含まれる代表的な問題は，問題を解くアルゴリズムの時間計算量が n の指数（$O(2^n)$ など）や n の階乗（$O(n!)$ など）になる問題である（もちろん，多項式時間の時間計算量は指数や階乗の時間計算量より小さいので，クラス P に含まれる問題はクラス NP にも含まれる）．

　たとえば，部分和問題は，クラス NP に含まれる問題であることが証明されている．部分和問題は問題を解くアルゴリズムの時間計算量が $O(n2^n)$ であり，$n2^n < 4^n$ なので，時間計算量は n の指数で表される．

[†1]　クラス P の P は，polynomial という「多項式」を表す英語の頭文字である．

[†2]　クラス NP の NP は，non-deterministic polynomial という「非決定性多項式」を表す英語の頭文字であり，クラス NP に含まれる問題が多項式時間の計算で非決定的に解けることを表している．

　　　時間計算量が n の指数や n の階乗となるアルゴリズムは，n が大きい場合（$n > 100$ 程度）には実行に非常に時間がかかる．したがって，n が大きい場合は，現在の計算機で正確な解を求めることは非常に困難であり，正確な解に近い解（近似解）を求めるアルゴリズムが使われている．

　この二つのクラスについて少し大雑把にまとめると，次のようになる．

　　　「クラス P に含まれる問題は，現在の計算機で比較的高速に解くことができるが，クラス NP に含まれる多くの問題については，多項式時間のアルゴリズムが知られていないので，入力サイズが大きい場合は，正確な解を求めることは非常に困難である」

　ここで注意しなければならないのは，図 10.2 では P ⊂ NP（クラス P はクラス NP に完全に含まれる）のように描かれているが，実はこの図が正しいかどうかはわかっていないということである．つまり，明らかに P ⊆ NP（クラス P はクラス NP の部分集合）であることはわかっているのだが，P = NP（クラス P とクラス NP は等しい）という可能性も残されており，P ≠ NP（クラス P とクラス NP は異なる）ということは証明されていないのである．普通に考えれば，いままでに多くの研究者が考えても見つけられなかったのだから，クラス NP に含まれる問題に対して多項式時間のアルゴリズムが存在するとは思えないが，逆に，多項式時間のアルゴリズムが存在しないということも証明できていない．この関係を証明するという問題は，現在まで情報科学分野の最大の未解決問題の一つであり，この問題を解くことができれば，100 万ドルを手に入れることができる†．

10.3　問題の帰着

　次に，少し話を横道にそらして，問題を解くためのアルゴリズムを考えずに問題を解く方法について簡単に説明する．たとえば，「配列にランダムな順番で格納されている n 個のデータの中央の値（小さいほうから数えて $\lceil n/2 \rceil$ 番目の値）を求める」という問題が与えられたとして，どうやれば簡単に中央の値を求めることができるかを考えよう．この問題を解く実直な方法は，中央の値を求めるアルゴリズムを考えて，そのアルゴリズムに基づくプログラムを作成するというものだろう．しかし，アルゴリズムを考えたりプログラムを作成したりしなくても，以下の 2 ステップにより，この中央の値を求めることができる．

　　① 配列のデータを，クイックソートやマージソートなどのソートアルゴリズムを
　　　　用いてソートする．

---

　† クレイ数学研究所によって 100 万ドルの懸賞金がかけられている七つの問題の一つである．詳しくは「ミレニアム懸賞問題」をインターネットで検索してほしい．

②　ソートされたデータの $\lceil n/2 \rceil$ 番目の値を出力する.

このように, 「解きたい問題 A の入力を別の問題 B の入力とし, 問題 B を解くアルゴリズムにより問題 A の解を求める」という方法を, 問題の帰着（還元ともいう）とよぶ. この帰着の概念をもう少し詳しく説明しよう.

問題 A を問題 B への帰着により解く方法は, 以下の三つのステップにより構成される.

①　問題 A の入力を問題 B の入力に変換する.
②　変換した入力に対して, 問題 B のアルゴリズムを実行する.
③　問題 B の解から問題 A の解を求める.

これらのステップを図 10.3 に示す.

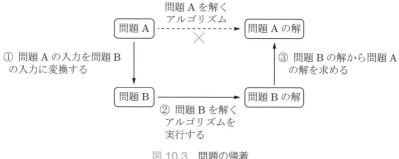

図 10.3　問題の帰着

それでは, 帰着により問題を解く例として, この三つのステップを使って, 以下の分割問題を解いてみよう.

問題 10.1　分割問題

$A = \{a_0, a_1, \ldots, a_{n-1}\}$ という n 個の正の実数の集合 A が与えられたとする. このとき,

$$（集合 A_1 に含まれる実数の和）=（集合 A_2 に含まれる実数の和）$$

となるように, 集合 A を二つの集合 A_1, A_2 に分割することができるかどうかを示せ.

この分割問題の例を挙げると, 問題の入力が $A = \{1, 4, 2, 9, 14\}$ である場合, $A_1 = \{1, 14\}$, $A_2 = \{4, 2, 9\}$ と分割するとどちらの集合の和も 15 になるので, 出力は「$A_1 = \{1, 14\}$ と $A_2 = \{4, 2, 9\}$ に分割すれば和が等しくなる」となる. また, 問題の入力が $A = \{1, 4, 6, 9, 14\}$ である場合, この集合は和が等しくなるように分割できないので, 出力は「和が等しくなるような分割方法は存在しない」となる.

この分割問題を第 7 章で出てきた部分和問題に帰着してみよう. 確認のため, 部分和問題の定義を以下にもう一度書いておく.

$\{x_0, x_1, \ldots, x_{n-1}\}$ という n 個の正の実数の集合と，s という正の実数が与えられたとする．このとき，$\{x_0, x_1, \ldots, x_{n-1}\}$ の中からその和がちょうど s になる実数の選び方を求めよ．

これらの二つの問題は一見かなり異なるように感じられるかもしれないが，分割問題の「入力の集合を和が等しくなるように分割」ということが，部分和問題の「和が入力全体の和の半分になるように選択する」ということに対応することに気がつけば，帰着の方法はそれほど難しくない．

それでは，前述した帰着により解く方法のステップ①として，分割問題の入力を部分和問題の入力に変換する方法を説明しよう．入力の変換は，以下の式に従って行えばよい．

- 各 i $(0 \leq i \leq n-1)$ について，$x_i = a_i$ とする．
- $s = \dfrac{1}{2} \displaystyle\sum_{i=0}^{n-1} a_i$ とする．

たとえば，前述の $A = \{1, 4, 2, 9, 14\}$ という分割問題の入力は，上記の変換により，$s = (1+4+2+9+14)/2 = 15$ なので，この分割問題は，「$\{1, 4, 2, 9, 14\}$ という集合について，その和がちょうど $s = 15$ になる選び方を求めよ」という部分和問題に変換される．

このように変換した入力に対して，前述した帰着により解く方法のステップ②に従って，部分和問題を解いたとする．このとき，帰着により解く方法のステップ③として，部分和問題の出力により，分割問題の出力が以下のように決定できることがわかるだろう．

- （部分和問題の出力）「和が s に等しい選び方が存在しない」
  ⇒（分割問題の出力）「和が等しくなるような分割方法が存在しない」
- （部分和問題の出力）「和が s に等しくなる選び方が存在し，その組合せは集合 S である」
  ⇒（分割問題の出力）「集合 S と集合 $A - S$ に分割すれば，和が等しくなる」

たとえば，前述の $\{1, 4, 2, 9, 14\}$ という集合について，部分和問題として和が $s = 15$ になる選び方を求めると，「$S = \{1, 14\}$ という組合せで和が s に等しくなる」という出力が得られる．したがって，この部分和問題の出力を分割問題の出力に変換すると，「集合 $S = \{1, 14\}$ と集合 $A - S = \{4, 2, 9\}$ に分割すれば和が等しくなる」という出力となる．

この例では，分割問題は部分和問題に帰着すれば解けるということを示したが，この場合の時間計算量はどうなるのだろうか．帰着により解く方法の三つのステップから考

えれば，分割問題を解くための時間計算量は，

① 分割問題の入力を部分和問題に変換するのに必要な時間計算量
② 部分和問題を解くのに必要な時間計算量
③ 部分和問題の出力から分割問題の出力を決定するのに必要な時間計算量

という三つの時間計算量の和となる．この例の場合は，前述の手順より，①，③の時間計算量はどちらも $O(n)$ であることがわかるだろう．したがって，分割問題の時間計算量について，以下の式が得られる．

$$\text{分割問題の時間計算量} = \text{部分和問題の時間計算量} + O(n)$$

第 7 章から，部分和問題の時間計算量は $O(n2^n)$ である．つまり，分割問題は，部分和問題を解く時間計算量が $O(n2^n)$ のアルゴリズムを用いて，$O(n2^n) + O(n) = O(n2^n)$ という時間計算量で解くことができる．

このように，一般に問題 A を問題 B に帰着して解く場合の時間計算量は，

$$\text{問題 } A \text{ の時間計算量} = \text{問題 } B \text{ の時間計算量} + \text{入出力の変換に必要な時間計算量}$$

となる．とくに，この「入出力の変換に必要な時間計算量」が入力サイズ n の多項式のオーダであるとき，問題 A は問題 B に多項式時間で帰着可能であるという．この概念は，以下で説明する NP 完全性を定義するために用いられる．

10.4 NP 完全問題

　話を問題のクラスに戻して，解くことが非常に困難だと考えられている二つの問題の集合について紹介する．10.2 節で，クラス NP に含まれる問題の多くは解くことが困難であると考えられていることを説明したが，以下で定義される二つの問題の集合は，クラス NP に含まれる問題以上に難しい問題の集合と，クラス NP に含まれる問題の中でもっとも難しい問題の集合である．

　まず，クラス NP に含まれる問題以上に難しい問題の集合である NP 困難問題について，とりあえずその定義だけを説明しよう．

◆ 定義 10.1　NP 困難

　クラス NP に含まれるすべての問題が問題 A に多項式時間で帰着可能であるとき，問題 A は NP 困難である．

　次に，クラス NP に含まれる問題の中でもっとも難しい問題の集合である NP 完全問題についても，その定義を説明しよう．

◆ **定義 10.2　NP 完全** ────────────────────────────

問題 A が NP 困難かつクラス NP に含まれるとき，問題 A は NP 完全である．

───

図 10.4(a), (b) に，この NP 困難問題と NP 完全問題の概念を表す図をそれぞれ示す．

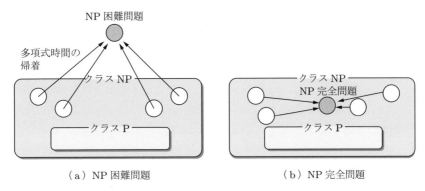

（a）NP 困難問題　　　　　（b）NP 完全問題

図 10.4　NP 困難問題と NP 完全問題の概念図

　NP 困難と NP 完全という二つの概念がなぜ重要かというと，これらの問題について効率のよいアルゴリズムが提案されれば，多項式時間の帰着を用いることにより，クラス NP に含まれるほかの問題についても効率のよい解き方ができるからである．

　この理由について，式を用いて説明しよう．NP 完全問題の概念を用いて，クラス NP に含まれる問題を解くために必要な時間計算量，すなわち，問題の複雑さを考えると，帰着の定義より，

　　　クラス NP に含まれる問題の複雑さ ＝ NP 完全問題の複雑さ ＋ 多項式時間

となる．したがって，もし NP 完全問題を多項式時間で解くアルゴリズムが見つかれば，クラス NP に含まれるすべての問題について，多項式時間で解くことができるアルゴリズムが提案できることになる．

　このような重要性により，これらの NP 完全と NP 困難という概念について，現在までに多くの研究が行われ，多くの問題が NP 完全や NP 困難であることが証明されている．本書で紹介した中では，部分和問題は NP 完全であり，0–1 ナップサック問題は NP 困難である．以下に，その他の代表的な NP 完全問題の例を二つ示す．

● **充足可能性問題**　n 個の 0 または 1 の変数 $x_0, x_1, \ldots, x_{n-1}$ による和積形の論理式が入力として与えられた場合に，その論理式を 1 にするような変数割り当てが存在するかどうか，すなわち，充足可能かどうかを答えよ．

　　例：入力が $(\overline{x_0} \vee x_1 \vee \overline{x_2})(x_0 \vee x_2)(\overline{x_0} \vee \overline{x_1})$ という論理式の場合，$x_0 = 1, x_1 = 0,$
　　$x_2 = 0$ とすると論理式は 1 になるので，この論理式は充足可能であると出力する．一方，入力が $(x_0 \vee \overline{x_1})(x_0 \vee x_1 \vee x_2)(\overline{x_2})(\overline{x_0} \vee x_2)$ という論理式の場合，こ

の論理式を 1 にするような変数割り当ては存在しないので,充足不能であると出力する.

● **ハミルトン経路問題** n 個の頂点をもつグラフと,そのグラフの二つの頂点が始点と終点として与えられた場合に,始点から始まって各頂点を 1 回ずつ通り,終点に達するような経路を見つけよ.

例:図 10.5 のようなグラフが入力として与えられ, v_0 が始点, v_6 が終点として指定された場合,ハミルトン経路問題の出力は $(v_0, v_1, v_2, v_3, v_5, v_4, v_6)$ という経路である.一方, v_2 が始点, v_5 が終点として指定された場合,各頂点を 1 回ずつ通るような経路は存在しないので,ハミルトン経路問題の出力は「経路なし」となる.

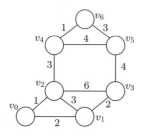

図 10.5　ハミルトン経路問題と巡回セールスマン問題の入力

また,NP 困難問題の例として有名な巡回セールスマン問題を以下に示す.この巡回セールスマン問題は,計算機やアルゴリズムの性能を表すベンチマークとして利用されることの多い問題である.

● **巡回セールスマン問題** ハミルトン経路問題と同様の n 個の頂点をもつグラフが与えられ,各辺の長さが決められているものとする.このとき,各頂点を 1 回ずつ通る最短のハミルトン経路を見つけよ.

例:図 10.5 のようなグラフが入力として与えられ, v_0 が始点, v_6 が終点として指定されたとする.このとき, $(v_0, v_1, v_2, v_3, v_5, v_4, v_6)$, $(v_0, v_1, v_3, v_2, v_4, v_5, v_6)$, $(v_0, v_2, v_1, v_3, v_5, v_4, v_6)$ という三つのハミルトン経路が存在するが,この中で最短の経路は $(v_0, v_2, v_1, v_3, v_5, v_4, v_6)$ なので,この経路が巡回セールスマン問題の出力となる.

これらの NP 困難問題や NP 完全問題などの計算困難問題は,正確な解を求めることは非常に難しいのだが,その多くには近似解を求める高速なアルゴリズムが提案されている.また,問題の条件を少し緩めるだけで,計算困難問題が多項式時間で解けるクラス P に属する問題に変化する場合も多く見られる.したがって,計算困難問題に対するアルゴリズムを作成しなければならなくなった場合は,これらの解決策を検討して取り

組んでみるのがよいだろう.

● 第 10 章のポイント ●

1. 問題を解くうえでもっとも高速なアルゴリズムの最悪時間計算量を問題の複雑さといい, 同じ複雑さの問題の集合を問題のクラスとよぶ. 問題のクラスはその時間計算量によって包含関係を構成しており, この包含関係を問題のクラス階層とよぶ.

2. アルゴリズムの時間計算量が入力サイズの多項式で表される問題のクラスを, クラス P とよぶ. また, 問題に対する解が与えられたとき, その解が正しいかどうかを多項式時間で確かめられる問題のクラスを, クラス NP とよぶ. 定義より P ⊆ NP であるが, P ≠ NP が成り立つかどうかは, 情報科学分野の最大の未解決問題の一つである.

3. 解きたい問題 A の入力を問題 B の入力に変換し, 問題 B を解くアルゴリズムにより問題 A の解を求めるという方法を, 問題の帰着とよぶ. とくに, 入出力の変換に必要な時間計算量が入力サイズの多項式のオーダであるとき, 問題 A は問題 B に多項式時間で帰着可能であるという.

4. NP 困難問題とは, クラス NP に含まれるすべての問題を多項式時間で帰着可能である問題であり, NP 完全問題とは, NP 困難かつクラス NP に含まれる問題である. NP 完全問題は, その定義より, クラス NP に含まれる問題の中でもっとも難しい問題だと考えられている.

● 演習問題

10.1 以下の文章の①〜⑥について, それぞれ正しい記号を下から選べ. 正しい記号が複数存在する場合はすべて列挙せよ.

　　問題のクラスにおいて, クラス P は（　①　）問題のクラスであり, クラス NP は（　②　）問題のクラスである.

　　ある問題 A が問題 B に $O(n)$ 時間で帰着でき, 問題 B を $O(n^2)$ 時間で解くアルゴリズムが存在するとき, （　③　）.

　　問題 A が「（　④　）」, 「（　⑤　）」という二つの条件を満たすとき, その問題 A を NP 完全とよぶ. この NP 完全問題は（　⑥　）.

①：a. 入力サイズの多項式に比例する時間で解ける
　　b. 入力サイズの指数に比例する時間で解ける
　　c. クラス NP を含む
　　d. クラス NP に含まれる

②：a. 入力サイズの多項式に比例する時間で解ける
　　b. 入力サイズの多項式に比例する時間で解が正しいかどうかを確かめることができる
　　c. クラス P を含む
　　d. クラス P に含まれる

③：a. 問題 A は $O(n^2)$ 時間で解ける　　　b. 問題 A は $O(n)$ 時間で解ける

　　c. 問題 B は $O(n)$ 時間で解ける　　　　d. 問題 A と問題 B の難しさは同じである

④：a. 問題 A はクラス P に属する　　　　　b. 問題 A はクラス NP に属する

　　c. 問題 A はクラス P に属さない　　　　d. 問題 A はクラス NP に属さない

⑤：a. 問題 A はクラス NP に属する任意の問題に多項式時間で帰着可能である

　　b. 問題 A はクラス P に属する任意の問題に多項式時間で帰着可能である

　　c. クラス P に属する任意の問題を多項式時間で問題 A に帰着可能である

　　d. クラス NP に属する任意の問題を多項式時間で問題 A に帰着可能である

⑥：a. つねに NP 困難問題でもある

　　b. クラス NP に必ず属する

　　c. クラス NP に属する問題の中でもっとも難しい問題だと考えられている

　　d. 入力サイズの多項式時間で計算できる

10.2　以下のような二つの問題について，問題 P_1 は問題 P_2 に $O(n)$ 時間で帰着可能であることを証明せよ．

問題 P_1：配列に格納された n 個の整数の最大値を求める問題

問題 P_2：配列に格納された n 個の整数の最小値を求める問題

参考文献

アルゴリズムとデータ構造や Python に関する書籍は非常に多く，網羅的なリストをここに記載しても，どの本を読めばよいのか迷ってしまうことだろう．以下では，それぞれの分野において，本書の内容を補うのに必要十分な文献のみを挙げる．

本書では，説明を直感的にするためにアルゴリズムの詳細を省略した部分も多い．最初に挙げる以下の三つの文献はアルゴリズムの辞書とでもいうべき本であり，アルゴリズム全般についての網羅的な内容となっている．本書に記述されたアルゴリズムの詳細を知りたい場合や，本書で取り上げた問題についてさらに進んだアルゴリズムを学びたい場合は，これらの本を参考にするとよい（これらの本は，比較的高価なので個人で所有するのは難しいかもしれないが，大学などの学術的な図書館には所蔵されているはずである）．

- T. H. Cormen, C. E. Leiserson, R. L. Rivest, C. Stein 著（浅野哲夫，岩野和生，梅尾博司，山下雅史，和田幸一 訳），アルゴリズムイントロダクション（第 3 版 総合版），近代科学社，2013.
- R. Sedgewick 著（野下浩平，星守，佐藤創，田口東 訳），セジウィック：アルゴリズム C（第 1〜4 部），近代科学社，2018.
- R. Sedgewick 著（田口東，高松瑞代，高澤兼二郎 訳），セジウィック：アルゴリズム C（第 5 部），近代科学社，2021.
- D. E. Knuth 著（有澤誠，和田英一 監訳），The Art of Computer Programming Third Edition 日本語版（全 3 巻），アスキードワンゴ，2015.

次に，以下の 2 冊は，大学の情報系学科でアルゴリズムに関する講義を行う場合に，教科書として用いられることの多い本である．本書の記述が簡単すぎてもの足りない場合は，これらの本でアルゴリズムを勉強することを勧める．

- 茨木俊秀 著，C によるアルゴリズムとデータ構造（改訂 2 版），オーム社，2019.
- 平田富夫 著，アルゴリズムとデータ構造（第 3 版），森北出版，2016.

また，本書では，プログラミング言語としての Python の詳細については説明してこなかった．Python プログラミングについて理解を深めるには，以下の本などを参考に勉強するとよいだろう．

- B. Lubanovic 著（鈴木駿 監訳），入門 Python3（第 2 版），オライリージャパン，2021.

- E. Matthes 著（鈴木たかのり，安田善一郎 訳），最短距離でゼロからしっかり学ぶ Python 入門 必修編，技術評論社，2020.
- 国本大悟，須藤秋良 著，株式会社フレアリンク 監修，スッキリわかる Python 入門，インプレス，2019.
- 柴田望洋 著，新・明解 Python 入門，SB クリエイティブ，2019.

　最後に，少し趣の異なる本も紹介しておこう．以下の本では，アルゴリズムの説明に手書き風イラストを用いて，直感的に理解しやすいように工夫した説明が行われている．内容は，計算量など本書で取り上げた基本事項から，暗号化などで使われる実用的なアルゴリズムまで，幅広く取り扱われている．いくつかのアルゴリズムについては Python を用いたコードも紹介されており，Python 初学者にも取り組みやすいだろう．講義で使われるようなアルゴリズムの教科書がとっつきにくいと感じている人にはお勧めの一冊である．

- A. Y. Bhargava 著（株式会社クイープ 監訳），なっとく！アルゴリズム，翔泳社，2017.

演習問題解答

第 1 章

1.1　①：a, c　②：c　③：b　④：b　⑤：b

1.2　以下に一例を示す．この例のアルゴリズムの時間計算量は $O(n)$ である（詳細省略）．

```
B = [1, 1, 0, 1]
n = len(B)

d = B[0]
for i in range(1,n):
    d = d * 2 + B[i]
print(d)
```

1.3　以下に一例を示す．この例のアルゴリズムの時間計算量は $O(n^3)$ である（詳細省略）．

```
x = [5, 2, 3, -1]
n = len(x)

for i in range(n - 1):
    for j in range(i + 1, n):
        for k in range (n):
            if (x[i] + x[j] == x[k]) and (i != k) and (j != k):
                print(x[i], x[j], x[k])
```

第 2 章

2.1　①：a, c　②：a, c, d　③：b, c　④：a, d　⑤：c　⑥：c

2.2　(1) 1 回目: 8, 2 回目: 3, 3 回目: 1　(2) 解図 2.1(a) のとおり.

2.3　(1) 1 回目: 4, 2 回目: 3, 3 回目: 8　(2) 解図 2.1(b) のとおり.

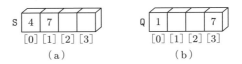

解図 2.1

第 3 章

3.1　①：a, c, d　②：a, d　③：d　④：a

3.2　(1) 完全 3 分木のレベルが k の節点の数は 3^k であり，葉はレベルが $h-1$ の節点なので，葉の数は 3^{h-1} となる．また，すべての節点の数は $\sum_{k=0}^{h-1} 3^k = (3^h - 1)/2$ である．

(2) (1) より，高さが h のとき節点数は $(3^h - 1)/2$ なので，$n = (3^h - 1)/2$ とおくと，$h = \log_3(2n + 1) = O(\log n)$ となる．

3.3　アルゴリズム A の再帰木は高さが $O(\log n)$ の完全 2 分木となり，アルゴリズム B の再

帰木は高さが $O(\log n)$ の完全 1 分木（直線状の木）となる（具体的な再帰木は省略）．両方の再帰木において各節点の時間計算量は定数なので，アルゴリズムの時間計算量は，アルゴリズム A は $O(n)$，アルゴリズム B は $O(\log n)$ となる．

3.4 (1) 以下のとおり． (2) 解図 3.1 のとおり．

```python
def fib(n):
    if n < 2:
        return 1
    else:
        return fib(n - 1) + fib(n - 2)
```

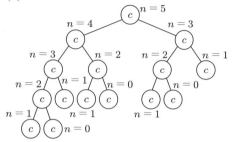

解図 3.1

(3) 一般の n に対する (1) のアルゴリズムの再帰木の葉のレベルを考えると，最大で $n-1$ であり，最小で $(n/2)-1$ である．葉のレベルが $n-1$（つまり高さが n）の完全 2 分木の節点数は 2^n-1，葉のレベルが $(n/2)-1$（つまり高さが $n/2$）の完全 2 分木の節点数は $2^{n/2}-1$ なので，(1) のアルゴリズムの再帰木の節点数は，$2^{n/2}-1$ より大きく，2^n-1 より小さい．各節点の時間計算量は定数なので，アルゴリズムの時間計算量は $O(2^n)$ である．

第 4 章

4.1 ①：b ②：b, c ③：d ④：b ⑤：a, c ⑥：d ⑦：c, d ⑧：b, d

4.2 アルゴリズムは以下のとおり．時間計算量は，再帰的でない 2 分探索法のアルゴリズムとほぼ同じ理由で $O(\log n)$ である．

```python
D = [1, 2, 5, 6, 9, 11, 13, 15, 17, 20, 23, 24, 28, 29, 33, 39]
n = len(D)


def bs(D, left, right, x):
    mid = (left + right) // 2
    if left >= right:
        if (left == right) and (D[mid] == x):
            print(f'{x}はD[{mid}]に存在')
            exit()
        else:
            print(f'{x}はDの中に存在しない')
    else:
        if D[mid] == x:
            print(f'{x}はD[{mid}]に存在')
            exit()
        elif D[mid] < x:
            bs(D, mid + 1, right, x)
        else:
            bs(D, left, mid - 1, x)


x = 23
bs(D, 0, n - 1, x)
```

4.3　解図 4.1 のとおり.

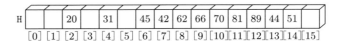

解図 4.1

4.4　解図 4.2 のとおり.

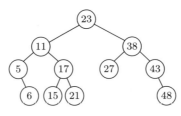

解図 4.2

第 5 章

5.1　①：b　　②：c　　③：c　　④：c　　⑤：a　　⑥：b　　⑦：b　　⑧：c　　⑨：c
⑩：a, b

5.2　以下のとおり.

```
D = [17, 39, 1, 9, 5, 24, 2, 11, 23, 6]
n = len(D)

for i in range(n-2, -1, -1):
    x = D[i]                     # D[i]を挿入する値を表す変数xに設定
    j = i
    while j < n - 1 and D[j + 1] < x:  # 挿入する値とD[j+1]を比較
        D[j] = D[j + 1]         # D[j+1]のほうが小さければ，値を左にずらす
        j = j + 1
    D[j] = x

print(D)
```

5.3　(1) 1 回目：80，2 回目：68，3 回目：65　　(2) 解図 5.1 のとおり.

解図 5.1

5.4　(1) T[8] のデータを格納する節点の親は，T[4] のデータを格納する節点だが，T[4] ＝ 23 のほうが T[8] ＝ 27 より小さいので，ヒープを表す配列ではない.

(2) 降順に並んでいる配列では，$i < j$ ならば，T[i] ＞ T[j] なので，各データ T[i] について，その親の頂点のデータ T[⌊i/2⌋] は必ず大きくなる.したがって，データが降順に並んで格納されている配列 T はヒープを表す配列である.

5.5　基準値は 0 か 1 のどちらかとなるが，どちらの場合でも，分割された一方の集合はすべ

て同じ値となる．同じ値の入力に対しては，関数 partition を用いて分割を行うことができないので，その実行は最悪時間計算量の場合に等しい．したがって，アルゴリズム全体の時間計算量も最悪時間計算量に近い値となる．

5.6　(24, 21, 4, 32, 12, 19, 35, 49, 42, 55)

第 6 章

6.1　①：c　　②：b　　③：b　　④：a　　⑤：b　　⑥：b　　⑦：d　　⑧：d

6.2　(1) $a = 3$, $b = 3$　　(2) 再帰木は完全 3 分木になる（詳細省略）.

(3) $T(n) = O(n \log_3 n) = O(n \log n)$

6.3　(1) 各ブロックの 1 kg あたりの価値は以下のとおり.

$$b_0 : 2/3 \,万円, \quad b_1 : 1 \,万円, \quad b_2 : 4/3 \,万円, \quad b_3 : 5/2 \,万円$$

したがって，1 kg あたりの価値の順番は $b_3 > b_2 > b_1 > b_0$ なので，この順番で袋に入れると，以下のように袋に入れる場合がもっとも価値が高くなる.

$$b_0 : 入れない, \quad b_1 : 入れない, \quad b_2 : 全体の 2/3 入れる, \quad b_3 : 全部入れる$$

(2) 動的計画法のアルゴリズムより，横軸を袋の中の重量，縦軸をそれぞれのブロックとすると，以下のような表が得られる.

解表 6.1

	0	10	20	30	40
b_0	$(0, \phi)$	$(0, \phi)$	$(0, \phi)$	$(20, \{b_0\})$	$(20, \{b_0\})$
b_1	$(0, \phi)$	$(10, \{b_1\})$	$(10, \{b_1\})$	$(20, \{b_0\})$	$(30, \{b_0, b_1\})$
b_2	$(0, \phi)$	$(10, \{b_1\})$	$(10, \{b_1\})$	$(40, \{b_2\})$	$(50, \{b_1, b_2\})$
b_3	$(0, \phi)$	$(10, \{b_1\})$	$(50, \{b_3\})$	$(60, \{b_1, b_3\})$	$(60, \{b_1, b_3\})$

したがって，以下のように袋に入れる場合がもっとも価値が高くなる.

$$b_0 : 入れない, \quad b_1 : 入れる, \quad b_2 : 入れない, \quad b_3 : 入れる$$

第 7 章

7.1　①：a　　②：b　　③：a, c

7.2　以下のとおり.

```python
X = [5, 12, 6, 11, 13, 7]    # 入力の荷物の重さ
W = 18                       # Wの値
n = len(X)

Z = [None for _ in range(n)]     # 配列Zを初期化

def BT_packing(level):
    global Z

    print(f'現在の選択: {Z}')      # 配列Zを随時出力
```

```
if level == n:                    # 列挙木の葉の場合の処理
    flag = 0
    for i in range(3):
        total = 0
        Y = [0 for _ in range(n)]
        for j in range(n):
            if (Z[j] == i):
                Y[j] = 1
            total = total + Y[j] * X[j]
        if (total > W):
            flag = 1
    if flag == 0:    # 袋に詰められた場合
        print(f'三つの袋への詰め方：{Z}')      # 解を表示して終了
        exit()

else:
    Z[level] = 0           # 荷物を袋0に入れる場合
    BT_packing(level+1)
    Z[level] = 1           # 荷物を袋1に入れる場合
    BT_packing(level+1)
    Z[level] = 2           # 荷物を袋2に入れる場合
    BT_packing(level+1)
    Z[level] = None        # 未選択に戻す

if level == 0:             # 根に戻った場合
    print('条件を満たす荷物の入れ方が存在しない')


BT_packing(0)
```

7.3　以下のような列挙木により，③と⑤を選んだときに 8 kg になることがわかる.

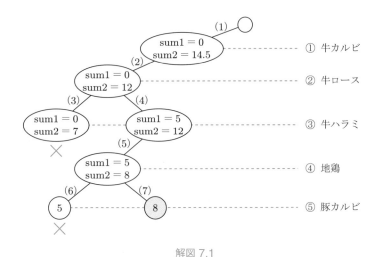

解図 7.1

7.4　以下のような列挙木により，絵 1 と絵 2 を入れたときに価値が最大になることがわかる.

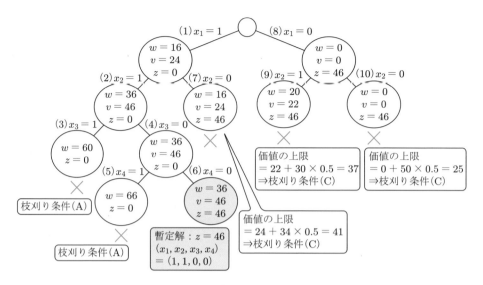

解図 7.2

第 8 章

8.1 　①：b 　　②：c, d 　　③：a 　　④：b, 　⑤：a

8.2 　以下のとおり．なお，入力はアルゴリズム 8.5 と同様に与えられるものとする．

```
def DF_search(v):
    global s_index, DFS
    if DFS[v] == 0:
        DFS[v] = s_index     # 頂点vの探索順を格納
        s_index += 1
        for e in AL[v]:      # vのすべての隣接頂点に以下を実行
            w = e[0]         # 隣接頂点をwとする
            if DFS[w] == 0:
                DF_search(w)


s_index = 1
DFS = [0 for _ in range(n)]     # 配列DFSのすべての要素を0で初期化
DF_search(6)
print(DFS)
```

8.3 　解図 8.1(a), (b) が，それぞれ幅優先探索と深さ優先探索の実行結果を表している．

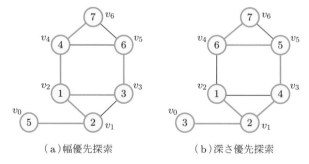

（ａ）幅優先探索 　　　　　　　　（ｂ）深さ優先探索

解図 8.1

8.4 (1), (2) 解図 8.2 のとおり.

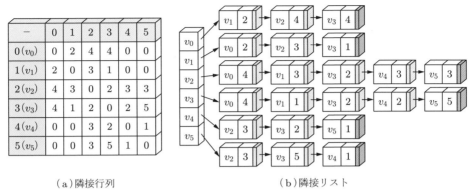

　　（a）隣接行列　　　　　　　　　　　　　　（b）隣接リスト

解図 8.2

(3) 各頂点までの距離は以下の表のとおり.

解表 8.1

d_0	d_1	d_2	d_3	d_4	d_5
0	2	4	3	5	6

8.5 たとえば，演習問題 8.4 の図 8.10 のグラフの辺 (v_2, v_3) の重みを -2 に変更したグラフは，始点が v_0 の場合，ダイクストラ法では頂点 v_3 への最短経路の長さは 3 となるが，実際の最短経路は長さ 2 の (v_0, v_2, v_3) である.

第 9 章

9.1 ①：a, d　　②：d　　③：a　　④：b　　⑤：a　　⑥：b　　⑦：c　　⑧：a

9.2 S[t] = 8,　　S[h] = 7,　　S[e] = 4,　　S[r] = 1,　　S[f] = 3,　　S[o] = 2

9.3 1 回目の照合では，パターンの最後の "e" とテキストの 9 文字目の "t" が比較され不一致が起こり，S[t] = 8 よりパターンが 8 文字分右にずらされる（比較回数 1 回）. 2 回目の照合でパターンとテキストが一致する（比較回数 9 回）. 以上より，合計の比較回数は，$1 + 9 = 10$ である.

第 10 章

10.1 ①：a, d　　②：b, c　　③：a　　④：b　　⑤：d　　⑥：a, b, c

10.2 以下のような帰着により，問題 P_1 は問題 P_2 に $O(n)$ 時間で帰着可能である.

　　「問題 P_1 の入力の各整数に -1 を掛けて問題 P_2 の入力とし，問題 P_2 を解く. 得られた問題 P_2 の出力に対して -1 を掛けた値が問題 P_1 の出力である」

索　引

著者略歴

藤原暁宏（ふじわら・あきひろ）

1993 年　大阪大学 基礎工学部情報工学科卒業
1997 年　奈良先端科学技術大学院大学 情報科学研究科 博士後期課程修了
1997 年　九州工業大学 情報工学部電子情報工学科 講師
2000 年　九州工業大学 情報工学部電子情報工学科 助教授（2007 年より准教授）
2013 年　九州工業大学 大学院情報工学研究院電子情報工学研究系 教授
2019 年　九州工業大学 大学院情報工学研究院情報・通信工学研究系 教授
　　　　現在に至る
　　　　博士（工学）

研究分野
　並列分散アルゴリズム，ナチュラルコンピューティング

Python で学ぶ　アルゴリズムとデータ構造

2023 年 3 月 31 日　第 1 版第 1 刷発行

著者　　　藤原暁宏

編集担当　福島崇史・鈴木　遼（森北出版）
編集責任　富井　晃（森北出版）
組版　　　ウルス
印刷　　　日本制作センター
製本　　　　　同

発行者　　森北博巳
発行所　　森北出版株式会社
　　　　　〒102–0071　東京都千代田区富士見 1–4–11
　　　　　03–3265–8342（営業・宣伝マネジメント部）
　　　　　https://www.morikita.co.jp/

MEMO

MEMO